市政路桥建设与给排水工程

主　编　刘文彪　崔学武　杨交伟

副主编　章哲明　陈　莉　李晓东

　　　　张　涵　赵红丽　王文瑞

　　　　黎　锋

汕头大学出版社

图书在版编目（CIP）数据

市政路桥建设与给排水工程 / 刘文彪，崔学武，杨
交伟主编 . -- 汕头 ：汕头大学出版社， 2024. 8.
ISBN 978-7-5658-5413-2

Ⅰ . U415；U445；TU99

中国国家版本馆 CIP 数据核字第 2024V8S537 号

市政路桥建设与给排水工程
SHIZHENG LUQIAO JIANSHE YU JIPAISHUI GONGCHENG

主　　编：刘文彪　崔学武　杨交伟
责任编辑：黄洁玲
责任技编：黄东生
封面设计：周书意
出版发行：汕头大学出版社
　　　　　广东省汕头市大学路 243 号汕头大学校园内　邮政编码：515063
电　　话：0754-82904613
印　　刷：廊坊市海涛印刷有限公司
开　　本：710mm×1000mm 1/16
印　　张：10.25
字　　数：175 千字
版　　次：2024 年 8 月第 1 版
印　　次：2025 年 1 月第 1 次印刷
定　　价：52.00 元
ISBN 978-7-5658-5413-2

前　言

　　市政路桥建设与给排水工程是城市基础设施建设的核心内容，对于城市的正常运转和长远发展具有举足轻重的作用。路桥作为城市交通网络的重要组成部分，不仅承载着大量的人流和物流，也是连接城市各个区域、推动经济发展的重要纽带。良好的路桥建设能够提升交通效率，减少拥堵现象，增强城市的连通性和可达性，进而促进社会经济的繁荣。而给排水工程则直接关联到城市居民的日常生活和城市环境的卫生安全。高效的给水系统保证了居民和工业用水的供应，而完善的排水系统则能够有效处理和排放生活污水和雨水，防止水体污染和城市内涝的发生。

　　随着科技的不断进步，市政路桥建设和给排水工程将更加依赖于高新技术的支持，如物联网、大数据分析、智能监控等技术的应用，将使得工程管理更加精细化、智能化。这不仅能够提高工程的建设效率和运营质量，还能够更好地适应和应对各种复杂的环境变化。通过持续的技术创新和理念更新，市政路桥建设与给排水工程将为城市的可持续发展提供坚实的基础，为居民创造一个更加美好、安全、便利的生活环境。

　　本书参考了大量的相关文献资料，借鉴、引用了诸多专家、学者和教师的研究成果，其主要来源已在参考文献中列出，如有个别遗漏，恳请作者谅解并及时和我们联系。本书写作得到很多专家、学者的支持和帮助，在此深表谢意。

目　录

第一章　市政路桥建设概述

第一节　公路工程建设基础

一、公路基本建设程序

（一）基本建设及其内容构成

基本建设指的是在国民经济中建设新的固定资产，以扩大生产能力或提高工程效益的过程。这包括新建工厂、学校、公路、桥梁、码头、矿井、电站、水坝、铁路等，以增加社会生产能力；扩建生产车间、改善路面等级、修建永久性桥梁，以扩大生产并提高效益；对原有设备和工艺进行整体性技术改造，全面改建原有公路等，都属于基本建设的范畴。总之，基本建设包括固定资产扩大再生产的新建、改建、扩建、恢复工程的建筑、添置、安装等活动，以及与之相关的工作。

在中国，基本建设是发展国民经济、增强综合国力、实现社会主义现代化、提高人民物质文化生活水平和加强国防实力的重要手段。因此，党和国家一直高度重视基本建设事业，并颁布了一系列政策和法规。全国范围的大规模基本建设初步形成了相对完整的工业、交通运输体系和国民经济体系，使中国这片历史悠久的土地发生了翻天覆地的变化，为我国的改革开放事业和构建社会主义和谐社会提供了坚实的物质基础。

基本建设工作应包括以下内容。

1. 建筑工程

建筑工程是指通过消耗建筑材料、利用工程机械，并通过施工活动建造的各种工程实体，包括但不限于路基、路面、桥梁、隧道、厂房、水坝等构筑物。

2. 安装工程

安装工程是指涉及基本建设项目所需各种机械设备的安装、装配和调试工作，如工业生产设备、公路及大型桥梁所需的各种机械、设备、仪器的安装和调试等（包括生产设备和生活设施的安装）。

3. 设备、工具及器具的购置

设备、工具及器具的购置指的是购买作为固定资产的机器、设备、工具、器具等用品，如渡口设备、隧道照明、消防、通风的动力设备，高等级公路所需的收费监控通信、供电设备、路面养护所需的沥青混合料拌和设备、摊铺机械、工具、器具等。

4. 勘察、设计及相关工作

勘察、设计及相关工作指的是编制建筑安装工程施工依据的勘察设计文件，如公路工程的可行性研究、初步设计、施工图设计等，以及在勘察、设计过程中进行的地质调查、钻探、材料试验、技术研究、评价、评估、咨询、招标、投标、造价编制、试验研究等工作。

5. 其他基本建设工作

其他基本建设工作指的是为了确保基本建设工程的顺利实施和正常运行而进行的基础工作，包括土地征用、拆迁安置、人员培训、工程质量监督、监理、工程定额测定、施工机构迁移等。

(二) 基本建设项目的划分

1. 建设项目

建设项目，又称为基本建设项目，是指在一个设计任务书范围内经批准按照同一总体设计进行建设的全部工程。这些项目由一个或多个单项工程组成，在经济上实行统一核算，在行政上实行统一管理，通常以一个企业（或联合企业）、事业单位或独立工程为一个建设项目。例如，公路工程以单独设计的公路路线或独立桥梁作为基本建设项目。

2. 单项工程

单项工程，也称为工程项目，是指建设项目中具有独立设计文件，建成后能够独立发挥生产能力或使用效益的工程。例如，在工业建筑中，生产车间、办公楼、仓库等属于单项工程；在民用建筑中，教学楼、图书馆、实验室、住宅等也是单项工程的例子；在公路工程中，单独设计的路线、大桥、隧道等也是单项工程的典型代表。

3.单位工程

单位工程是单项工程的组成部分，具有单独的设计文件和独立的施工条件，并作为一个单独的施工对象。例如，在生产车间中，厂房修建和设备安装可以是单位工程；在公路工程中，同一合同段内的路基、路面、桥梁、互通式立交、交通安全设施等都可以作为单位工程。

4.分部工程

分部工程是按照工程结构、构造或施工方法的不同进行分类的工程，它们是单位工程的组成部分。例如，房屋的基础、地面、墙体、门窗；公路路基的土石方、排水、涵洞、大型挡土墙；桥梁的上部结构、下部结构、引道等都是分部工程的例子。

5.分项工程

分项工程是指通过相对简单的施工过程就能够生产出来，并且可以使用适当计量单位进行计算的"假定"的建筑或安装产品。例如，10m³的块石基础、100m³的水泥混凝土路面、一台某型号的龙门吊安装等都是分项工程的例子。需要注意的是，分项工程只是建筑或安装工程的一种基本构成因素，它们被划分出来是为了确定施工资源消耗和计算工程费用，并作为分部工程的组成部分。因此，分项工程的独立存在并没有实际意义，它们并不像前述的项目那样构成完整的产品。

（三）公路基本建设程序

1.政府投资公路建设项目的实施程序

①遵循国家经济长期规划以及公路网建设规划，展开预备可行性研究，并起草项目提案书。②依据获得批准的项目提案书，进行工程可行性研究，并拟定可行性研究报告。③基于可行性研究报告及其批复内容，起草项目设计招标文件。④根据批准的项目设计招标文件、资格预审结果和公路建设计划，筹备项目设计招标投标工作。⑤依据可行性研究报告及其批复，编制初步设计文件。⑥根据获得批准的初步设计文件，制定施工图设计文件。⑦根据获得批准的施工图设计文件，起草项目施工招标文件。⑧基于批准的项目

施工招标文件、资格预审结果以及公路建设计划，进行项目施工招标。⑨依据国家相关规定，开展施工前的准备工作，包括征地拆迁等，并拟定项目开工报告，向交通主管部门申请施工许可。⑩根据批准的项目开工报告，启动项目实施；在项目完成后，编制竣工图表、工程决算和竣工财务决算，办理项目交工验收、竣工验收以及财产移交手续；经过一段时间的竣工验收合格后，进行项目后评价。

2. 企业投资公路建设项目的实施程序

①按照规划发展，制定工程的可行性研究报告。②实施投资人的公开招标程序，并依照法律确认投资人身份。③投资人准备并提交项目申请报告，遵循相关规章送达审批机构审查。④在得到批准的项目申请报告基础上，制定项目设计招标文件、进行设计招标活动、起草初步设计文件。其中包括公共利益、公众安全及强制性工程建设标准的必要内容，需要向交通主管部门提交审核。⑤基于初步设计文件，起草施工图设计文件。⑥依据获批的施工图设计文件，准备项目的招标文件。⑦以获批的项目招标文件、资格预审的结果和公路建设计划为依据，开展施工招标和投标活动。⑧根据国家相关政策，执行征地拆迁等施工前必需的准备工作，并向交通主管部门提交施工许可申请。⑨根据获批的施工许可，着手组织项目的具体实施工作。⑩项目建设完毕后，整理竣工图表、工程决算以及竣工财务决算，处理项目交工验收及竣工验收工作；通过竣工验收后，进行项目效果评估。

(四) 公路基本建设程序各阶段的主要内容

1. 前期阶段

(1) 项目建议书阶段

项目建议书是由建设单位 (业主) 向政府提出的，旨在提议建设某一项目的文书。它承载着对建设项目的初步构想，这些构想可以源自国家、部门和地方的发展规划与计划，也可能来自市场调研，甚至是某种资源的发现。在项目建议书中，应当对拟建项目的社会需求进行深入分析和研究，明确为了满足这些需求所需要达到的建设目标，其中包括经济目标、社会目标和环境目标，并且必须充分考虑可能面临的风险。

（2）可行性研究阶段

项目建议书获得批准后，由政府交通主管部门牵头组织进行项目的可行性研究。这项研究旨在对拟建项目的技术和经济可行性进行科学分析和论证，为项目的决策提供支持（继续实施还是放弃）。可行性研究的核心任务是通过多种方案比较，提出评价意见，并推荐最佳方案。

可行性研究根据深度，分为预可行性研究和工程可行性研究两个阶段。预可行性研究应着重阐明建设项目的必要性，通过路勘和调查研究，提出建设项目的规模、技术标准，并进行简要的经济效益分析。而工程可行性研究则需进行必要的测量（如高速公路、一级公路必须测量）、地质勘探（如大桥、隧道及不良地质地段等），在充分调查研究、收集必要资料的基础上，对不同建设方案进行技术和经济上的综合论证，最终提出推荐方案。可行性研究报告的编制应符合《公路建设项目可行性研究报告编制办法》的相关规定。

经过审查批准的可行性研究报告，项目才能正式立项。对于大中型项目和限额以上项目，经批准后可根据实际需要组建筹建机构，即组建项目法人。而一般的改建、扩建项目则不需要单独设置机构，仍由原企业负责筹建。

2. 设计阶段

（1）设计招投标及任务书阶段

根据可行性研究报告及其批复，起草项目设计招标文件，展开项目设计招标，并最终确定项目设计单位。

设计任务书是确定建设方案的关键文件，也是编制设计文件的主要指南。它可以由建设单位自行提出，也可以由工程咨询公司代为拟定，或者由建设单位与设计单位协商确定。

设计任务书的内容包括但不限于：建设的基础和规模；路线走向及主要控制点，独立大桥桥址及其主要特点；地理位置、自然条件和社会经济现状；工程技术标准和主要技术指标；设计阶段及完成时间安排；环境保护、城市规划、抗震、防洪、防空、文物保护等方面的要求和采取的措施方案；投资预估和资金筹措；经济及社会效益评估；建设期限和实施计划。

（2）公路设计阶段划分

公路基础建设项目通常采用两阶段设计，即初步设计和施工图设计。

针对技术简单、方案明确的小型建设项目，也可采用一阶段设计，即一阶段施工图设计。对于技术复杂、基础资料不足的建设项目，或其中涉及特大桥、互通式立交枢纽、地质复杂的长大隧道、高速公路和一级公路的交通工程及沿线设施中的机电设备等情况，必要时采用三阶段设计，即初步设计、技术设计和施工图设计。

（3）各阶段的设计依据

初步设计的编制应依据获得批复的可行性研究报告、测量合同和勘测资料进行。一阶段施工图设计的制定则应参照批复的可行性研究报告、测量合同以及确定的测量和详细勘测资料。在进行两阶段设计时，施工图设计的起草应根据已经批复的初步设计、测量合同以及确定的测量和详细勘测资料（包括补充资料）进行。在三阶段设计中，技术设计的编制应根据批复的初步设计、测量合同以及确定的测量和详细勘测资料进行；施工图设计的制定则需参照批复的技术设计、测量合同以及补充的确定测量和详细勘测资料。

（4）施工图设计文件组成

不论设计阶段的多少，施工图设计文件包括以下内容：总体说明书；路线设计；路基、路面及排水设计；桥梁、涵洞和隧道设计；路线交叉设计；交通工程及沿线设施设计；环境保护、渡口码头及其他工程设计；筑路材料及施工组织计划；施工图预算；附件。

3. 施工阶段

项目在开工建设之前，要做好以下前期准备工作。

（1）预备项目的确定

初步设计已经获得批准的项目可被列为预备项目。国家的预备项目计划是针对列入部门和地方编制的年度建设预备项目计划中的大中型项目和限额以上项目，经过对建设总规模、生产力布局、资源优化配置以及外部协作条件等方面进行综合平衡后制订和下达的计划。

（2）建设准备工作的内容

建设准备工作的主要内容包括征地、拆迁和安置工作；完成施工所需的水、电、路等基础设施工程；订购设备和材料；准备施工图纸；进行监理、施工招标投标；等等。

（3）申报项目施工许可

完成规定的建设准备工作并具备开工条件后，应申请项目施工许可。年度大中型项目和限额以上项目需要经国务院批准，其他项目可由相关部门和地方政府批准。一旦建设项目开工报告获得批准，项目就进入了建设施工阶段。这一阶段是项目决策的实施、建成投入使用、发挥效益的关键时期，因此，建设单位、施工企业和监理单位都应该认真履行各自的职责。

公路项目的正式开工日期以开始进行土石方施工的日期为准。对于分期建设的项目，则按照各期工程开工的日期进行计算。在施工过程中，应严格遵循设计要求、技术规范、合同条款、预算投资、施工程序和顺序等要求，确保在保证质量、工期、成本等计划目标的前提下进行施工，以达到竣工标准要求，经验收合格后交付使用。

4. 竣工验收及后评价阶段

（1）竣（交）工验收交付使用阶段

竣工验收是建设过程的最后一步，标志着投资成果可以投入使用，也是建设单位、设计单位和施工单位向国家报告建设项目生产能力、效益、质量和造价等全面情况，交付新增固定资产的过程。验收工作在施工合同文件规定的内容全部完成后进行。

公路项目的验收包括单项工程交工验收和整体项目竣工验收两个阶段。竣工验收由建设主管部门主持，依据国家相关规定组成验收委员会，并按照原交通部《公路工程竣（交）工验收办法》的要求进行验收。在工程验收前，建设单位需要做好以下准备工作：组织设计、施工等单位进行工程初验，并向主管部门提交验收报告；整理技术资料，包括各种文件；绘制竣工图，确保准确、完整、符合档案管理的要求；编制竣工决算。验收合格的工程应当移交使用，并按照相关规定办理交接手续。

（2）项目后评价阶段

对公路建设项目进行全过程系统评价的技术经济活动称为项目后评价。这一过程发生在项目正常运营一段时间后，涵盖了立项决策、设计施工、竣工验收、生产运营等各个环节，是固定资产投资管理的最后一环。通过后评价，可以确认成就、总结经验、探讨问题，并提出改进建议，为未来改进投资规划、评估和管理工作提供参考依据。

项目后评价通常分为建设单位自评和投资方评价两个阶段，包括以下内容：评估项目的实际成效，确定是否达到了预期目标和设计要求；审查设计、施工各个环节的实际质量；重新评估实际财务效益和国民经济效益。

二、公路施工项目管理过程

(一) 投标与签订合同阶段

在社会主义市场经济条件下，施工企业通过投标竞争，中标后与建设单位签订工程承包合同，承揽施工任务。在工程承包合同中，建设单位作为发包人，称为业主，而施工企业则称为承包人。

建设单位在确定拟建工程项目具备招标条件后，发布招标广告 (或邀请函)。施工企业在看到招标广告 (或收到邀请函) 后，从作出投标决策到中标签约的过程，实质上是进行施工项目管理的第一阶段工作。

1. 投标决策

施工企业在获取工程项目施工招标信息后，根据企业经营战略和当前施工任务情况，由企业决策层决定是否投标争取承包该项目。

2. 收集信息

若决定投标，则需要力争中标。因此，应从当前工程市场形势、施工项目现场状况、竞争对手实力、招标单位情况以及企业目前自身力量等方面大量收集信息，为投标书的编制提供可靠资料。

3. 编制投标书

根据招标文件的规定和要求，充分发挥企业自身优势，编制既能盈利又具竞争力、有望中标的投标书。

4. 签订工程施工承包合同

若中标，则需在规定期限内与业主单位进行谈判，并依法签订工程施工承包合同。

(二) 施工准备阶段

工程施工承包合同正式生效后，施工企业便应组建项目经理部，然后以项目经理部为主，与企业经营层和管理层配合，进行施工准备，使工程具备开工作业和连续施工的条件。

1. 成立项目经理部

当工程施工承包合同正式生效后，施工企业应当根据合同规定的基本条件确定施工项目经理，并成立项目管理部门。该部门的建立旨在根据工程项目的规模和实际需要，配备适当的管理人员，确保施工管理工作的顺利进行。

2. 制订施工项目管理实施规划

项目管理实施规划由项目经理负责组织编制。这份规划是工程施工管理的执行指南，需要在施工项目中进一步细化，并由项目经理、各部门、工程小组和分包人等在不同阶段执行。

3. 进行施工现场准备

施工现场准备工作包括组织、技术和物资准备等方面。其中包括熟悉和核对设计文件、补充调查资料、编制施工组织设计、建立临时生产和生活设施、进行施工测量和放样、劳务人员培训、材料试验和备料等工作。这些准备工作旨在确保施工现场具备必要的条件，有利于实现文明施工和场地管理。

4. 编写和提交开工报告

当各项施工准备工作完成，并且具备了连续施工的条件后，施工企业应按照合同规定的期限向监理工程师提交开工报告。该报告应包括施工机构的建立、质量检测体系和安全体系的建立、劳动力安排、材料、机械和检测仪器设备的进场情况、水电供应、临时设施的修建、施工方案和总体施工组织设计等内容。监理工程师在审查开工报告后，将在投标书附录规定的期限内发布开工令。

（三）施工阶段

1. 组织施工

当监理工程师发布工程开工令后，施工项目应在预定的开工期内展开。依据工程设计图纸和施工项目管理计划，精心组织和管理施工活动，确保施工顺利进行，直至项目完工。

2. 对施工活动实施动态控制

实现施工项目的质量、进度、成本和安全目标是项目管理的核心任务。在项目控制过程中，各种客观因素可能干扰目标的实现，风险也可能随时出现。为确保按计划实现各阶段和最终目标，必须对施工活动进行动态控制。

3. 管理好施工现场

一个良好的施工现场是实现项目目标、确保安全生产和文明施工的重要保障之一。有效的现场管理包括保持清洁、材料摆放有序、设备整洁、施工有序进行，为各方提供满意的作业环境。

4. 严格履行施工承包合同

在整个施工过程中，项目管理部门必须严格执行施工承包合同，并认真处理工程分包、合同变更、费用索赔以及工期延误等事宜。为了顺利履行合同，还需协调处理内外部各种关系。

5. 做好施工记录

施工记录包括原始记录、工序检查记录、隐蔽工程验收记录、材料试验和测量记录等。同时，还需及时协调、检查、整理和分析这些记录，并按时编写和提交各类施工报告。

(四) 竣 (交) 工验收阶段

在建设项目的竣工验收阶段，需要与本阶段协调、同步进行。其目标是对施工项目的最终成果进行检查、总结和评价。公路工程的验收通常分为交工验收和竣工验收两个阶段。对于小型或简易工程项目，经批准后可将竣工验收合并为一次进行。

1. 工程收尾与自验

当工程施工承包合同规定的施工任务基本完成后，施工项目应及时进行工程收尾，并做好准备以应对验收所需提交的资料。项目经理首先要安排好竣工自验工作。

竣工自验，也称为初验，是在按照承包合同的要求完成施工项目后，由项目经理组织相关施工人员按照正式验收的标准和要求进行的内部检验。对于发现的缺陷或不符合要求的部分，必须采取措施，定期进行修复。处理完全部问题后，项目经理应提请上级主管部门 (如公司) 进行复验，彻底解决所有遗留问题，为交工验收做好准备。

2. 交工验收

交工验收由建设单位主持，主要是检查施工承包合同的执行情况和监理工作情况，提出工程质量等级建议。

承包人在全面完成所承包的工程并经监理工程师同意后，向建设单位提出交工验收申请。建设单位组织设计、监理、施工、质量监督、接管养护、造价管理等单位的代表组成交工验收组，对工程项目进行全面验收。验收过程中，施工单位需要提交验收项目的竣工图表、施工资料、工程施工情况报告等文件供验收组审议。验收组将提出交工验收报告，由建设单位报上级交通主管部门核定。

若交工验收不合格或有缺陷的工程或未完工程，则原承包人需在限期内完成修复、补救工作。而交工验收合格的工程，监理工程师应及时向承包人签发交工证书，同时办理工程的移交养护工作。

3. 竣工验收

根据建设项目的规模，竣工验收由交通运输部或地方交通主管部门主持，旨在全面评估建设成果、总结经验，并对建设项目进行综合评价，以确定工程质量等级。

完成交工验收且各标段均达到合格以上标准后，建设单位向竣工验收主持单位提出竣工验收申请。竣工验收委员会由验收主持单位、建设单位、交工验收组代表、质量监督、接管养护、造价管理、环境保护、有关银行等单位的代表组成。施工单位需要向竣工验收委员会提交关于工程施工情况的报告。

验收委员会将对工程建设、设计、施工、监理等单位进行全面评分，并评定工程质量等级和建设项目等级。对于达到合格以上标准的建设项目，验收委员会将签发《公路工程竣工验收鉴定书》，而项目所在地的公路工程质量监督部门则会签发各标段的《工程质量鉴定书》。

4. 竣工结算与总结

完成竣工验收后，业主与承包人根据监理工程师签发的"最终支付证书"进行竣工结算。

施工项目总结分为技术总结和经济总结两部分。技术总结内容涵盖施工中采用的新技术、新工艺和重大革新项目，以及在合同管理、施工组织、技术管理、工程质量、安全生产等方面采取的措施、取得的成绩和存在的问题。经济总结主要包括成本分析和经济核算，计算各种经济指标，并通过与企业和同类施工项目的相关数据对比，总结经验教训，以便进一步提高施工项目的管理水平。

(五) 用后服务阶段

这是施工项目管理的末尾阶段，着重处理施工项目在缺陷责任期和保修期内的事务。其目的在于确保使用单位能够正常使用，并达到预期效益。

一旦工程通过交工验收合格，依据合同规定的期限，将工程移交给业主，从而进入缺陷责任期。在此期间，必须尽快完成交工证书中所列的未完成工作，并根据监理工程师的指示修复、重建或复建工程中存在的任何缺陷、病害或其他不合格之处。

缺陷责任期结束后，施工项目进入保修期。在此期间，承包人需要自费修复由施工质量引起的任何损坏。同时，需要进行工程回访，听取使用单位的意见，观察项目的使用情况，并开展必要的技术咨询和服务活动。

第二节　桥梁工程建设基础

一、桥梁的类型与结构

(一) 桥梁的主要类型

桥梁由承载结构 (桥跨结构)、支承结构和基础组成。承载结构直接承受行人和车辆的重量，并使之通过。因其位于桥体上部，又称为上部结构。支承结构则支撑承载结构，并将荷载传递到基础，位于桥体下部，因此称为下部结构。

根据桥的组成结构不同，桥梁可分为以下几种主要类型。

1. 梁式桥

梁式桥的承载结构以梁为主体，支承结构包括桥台 (位于桥两端) 与桥墩（位于桥的中部）。两个桥墩之间的空间称为跨度。单跨桥只有两个桥台，而多跨桥除了两端的桥台外，中间还设有桥墩。

梁式桥受力方向与承载结构的轴线接近垂直，因此在梁内会产生弯曲，需要采用抗弯能力强的材料（如钢、钢筋混凝土等）进行建造。在我国古代，也有使用石料修建的石梁桥，其跨度通常不超过25m。对于跨度较大且需要承受大荷载的特大桥梁，则可采用钢结构桁架桥或预应力混凝土梁桥。

2. 拱式桥

拱式桥的主要承载结构为拱圈或拱肋。在竖向荷载作用下，桥台或桥墩将承受水平推力。由于拱主要受压力作用，通常采用抗压强度高的石材、混凝土或钢筋混凝土建造。

我国古代的石拱桥技术非常发达，著名的赵州桥建于公元605年左右，是石拱桥的代表之作。此外，北京的卢沟桥也是举世闻名的石拱桥之一。

拱桥具有较大的跨越能力，全球范围内石拱桥的最大跨度为135m，钢筋混凝土拱桥为390m，而钢拱桥达到518m的跨度。

3. 钢架桥

钢架桥的主要承载结构是由梁（或板）和主柱（或竖墙）整体结合形成的钢架结构。梁和柱的连接处具有很高的刚性。在竖向荷载作用下，梁主要受弯，而主柱脚处承受水平压力，其受力状态介于梁桥和拱桥之间。

4. 吊桥

吊桥的支承结构是悬挂在两边搭架上的缆索，通过吊杆悬挂桥的承载结构。在竖向荷载作用下，缆索承受巨大的拉力，因此需要在塔架后方建造巨大的锚碇结构。

5. 组合体系桥

为了增大桥梁的跨度或改善其工作状态，可以将几种不同的结构体系组合起来构成组合体系桥。

（1）梁拱桥

梁拱桥由梁和拱组合而成，梁和拱都承担承载结构的作用，能够增大桥梁的跨度，并且对墩台没有推力作用。

（2）斜拉桥

斜拉桥由主梁与斜缆组合而成。其支承结构是悬挂在塔架上的被张紧的斜缆，而承载结构是主梁。斜缆将主梁多点吊起，既能利用钢缆的高强度特性，又能显著减少主梁截面，从而减轻结构并增大跨度。

(二) 混凝土梁桥

1. 钢筋混凝土与预应力混凝土梁桥

钢筋混凝土梁桥充分利用了钢筋的高抗拉强度和混凝土的良好抗压性能，具有工业化施工、良好的耐久性和整体性，以及强大的适应性。然而，由于其自身结构重量较大，占全部设计荷载的30%~60%，在跨度较大时，自重所占比例显著增加，限制了其跨径的发展。装配式钢筋混凝土简支梁的合理最大跨径约为20m，而悬臂梁和连续梁的跨度为60~70m。因此，对于跨度较大的钢筋混凝土梁桥，预应力混凝土被广泛应用。预应力混凝土能够减小构件截面，节省钢材30%~40%，显著降低自重所占全部设计荷载的比例，从而增加了桥梁的跨越能力。预应力混凝土简支梁的跨度为50~60m，而悬臂梁和连续梁的最大跨度已接近250m。

2. 钢筋混凝土梁桥承载结构的截面形式

(1) 板桥

板桥可以采用钢筋混凝土或预应力混凝土材料制作，分为整体式和装配式两种类型。整体式简支梁板桥适用于跨度在10m以下的情况，而跨度不超过8m的情况多采用装配式板桥。整体式板桥的截面形式主要为矩形或矮肋式，而装配式板桥的截面形式则为矩形或空心。此外，还有一种装配与整体结合的组合式截面，通过安装小型预制构件并在其上浇筑混凝土来实现整体化。在起重设备能力较小的情况下，这种方式是可行的。

(2) 肋板式

肋板式梁桥由板与下方的肋组合而成。当跨度在13~15m时，通常采用肋板式梁桥。肋板式梁桥分为整体式和装配式两种。整体式肋板桥为了减小桥面的跨度，可在两个主肋之间增设内纵肋。装配式肋板桥也称为装配式"T"形梁桥，主梁间距通常在20m以内。梁是主要承重结构，主梁之间设有横隔梁 (也称为横隔板)，以确保车辆荷载能够横向分布。主梁的上翼缘构成行车道板，承受车辆荷载的局部作用。

（3）箱梁

箱梁的截面形状为一个或多个封闭的箱形结构，可用于较大跨度的悬臂梁、连续梁，也可作为预应力混凝土简支梁，其跨度可达 30m。箱形梁桥可制成单箱或多箱形式，既可采用整体式设计，也可采用装配式制造。

3. 钢筋混凝土梁桥的桥面构造

钢筋混凝土梁桥的桥面包括桥面铺装、防水排水设备、伸缩缝、人行道和栏杆等。

（1）桥面铺装

桥面铺装是指行车道的铺装，是为了保护行车道免受直接磨损和主梁免受雨水侵蚀，并分散车轮的集中荷载。通常采用水泥混凝土或沥青混凝土进行铺装，其厚度一般为 6 ~ 8cm。为了确保铺装层具有足够的强度和良好的整体性，常常在混凝土铺装中嵌入 Φ 4 ~ 6mm 的钢筋网。对于中、低级公路桥梁，也可以采用沥青表面处理或者泥结碎石铺装。

（2）防水排水设备

为了将透过铺装层渗过的雨水有效排除，需要在铺装层下方设置防水层。常见的防水层由两层油毡和三层沥青胶砂相间叠加而成，厚度一般在 1 ~ 2cm。然而，使用这种防水层时，铺装层容易在车轮作用下产生起壳和开裂的现象。相比之下，以树脂为基料，掺入水煤焦沥青等增塑剂制成的树脂焦油防水层效果更佳。

为了快速排除桥面积水，桥面必须具备一定的纵横坡。当桥面纵坡超过 2%、桥长小于 50m 时，可以在引道两侧设置流水槽，以防止雨水流入路基；当桥面纵坡超过 2%、桥长超过 50m 时，需要每隔 12 ~ 15m 设置一个泄水管；而当桥面纵坡低于 2% 时，则需每隔 3 ~ 7m 设置一个泄水管。这些泄水管可以沿行车道两侧对称排列，也可以交错排列。泄水管距离边缘石的距离一般在 0.1 ~ 0.5m。泄水管可以安置在人行道下方，常见的材质包括铸铁管和直径为 10 ~ 15cm 的钢筋混凝土管。

（3）伸缩缝

为适应温度变化和车辆荷载引起的纵向位移，桥梁必须设置伸缩缝，其位置通常位于两梁端之间、梁端与桥台之间，或桥梁的铰接处。在伸缩缝处，栏杆与桥面铺装都需断开，而伸缩缝与桥面的连接必须牢固，以防受到车辆冲击而受损。常用的伸缩缝材料包括锌铁皮和橡胶。

锌铁皮伸缩缝通常采用"U"形长条，以适应伸缩缝的变形。行车道部分采用双层设计，上层锌铁皮的弯曲部分设有 Φ6mm 的孔，孔距为 30mm，并配有石棉纤维过滤器，以确保雨水从上层渗透到下层"U"形槽后排出桥外。而人行道上的锌铁皮通常采用单层设计。

由于锌铁皮伸缩缝容易受损，导致车辆行驶时产生突跳感，因此近年来更多地采用橡胶伸缩缝。橡胶带通常由氯丁橡胶制成，具有两个或三个圆孔。安装时，将橡胶带嵌入预埋的角钢中，涂上胶水后即可固定。

（4）人行道

人行道的宽度一般为 0.75m 或 1m，如果宽度超过 1m，则按照 0.5m 的倍数递增，高度通常比行车道高出 0.25 ~ 0.35m。在行人稀少地区，可以不设置人行道，而改用安全带。安全带的宽度不应小于 0.25m，高度一般在 0.25 ~ 0.35m。

（5）栏杆与灯柱

栏杆必须既坚固又美观，高度一般在 0.8 ~ 1.2m，标准设计的间距为 1.6 ~ 2.7m，标准设计的高度为 2.5m。常用的材料包括钢筋混凝土、钢铁、铸铁或钢与混凝土的组合。在城市及城郊人和车辆较多的桥梁上，需要设置灯柱进行照明。灯柱可以利用栏杆安装，也可以设在人行道内侧，其高度应该高出行车道约 5.0m。

4. 桥梁支座

为了有效地传递上部结构的荷载到墩台，并确保上部结构能够适应活载、温度变化、混凝土收缩和徐变等产生的位移，桥梁上部结构与墩台之间需要设置支座。

支座分为固定和活动两种类型。固定支座允许桥梁自由旋转但不能移动，而活动支座则在弯曲和伸缩时能够旋转和移动。

（1）垫层支座

垫层支座采用油毛毡或水泥砂浆制成，压实厚度不小于 10mm，适用于跨度在 10m 以内的公路桥。

（2）铸钢支座

铸钢支座由优质钢或碳素钢铸造加工而成，常见的类型有固定和波动两种。

（3）新型钢球支座

新型钢球支座包括滚动支座和球面支座，能够全方位转动，适用于需要多方向转动的曲线桥梁。

（4）钢筋混凝土支座

钢筋混凝土支座有摆柱支座和混凝土铰支座两种。摆柱支座上的锚固筋插入梁体，摆柱支座下的锚固筋插入墩台，适用于跨度大于20m的梁式桥。混凝土铰支座是最简单的可旋转中心支座，适用于大跨度的桥梁，但其缺点是不能抵抗拉力，无法调整高度，旋转量较小，更换和修理不便。

（5）橡胶支座

橡胶支座分为板式和盆式两种。板式橡胶支座由整层薄橡胶片与刚性加固的薄钢板黏结而成，每层橡胶片厚5mm，薄钢板厚2mm，承载反力约为2940kN，适用于中等跨度的桥梁，是一种较理想的桥梁支座。盆式橡胶支座中，橡胶置于扁平的钢盆内，盆顶用钢盖盖住，能够承受相当大的压力，承载力为1000~2000kN，在均匀承载力下可微量转动。

5. 桥梁墩、台

桥梁的墩（台）主要由墩（台）帽、墩（台）身和基础三部分组成。根据墩（台）身的构造不同，墩、台大致可分为重力式墩、台和轻型墩、台两类。

（1）重力式墩、台

重力式墩、台依靠自身重量来平衡外部力量以保持稳定，通常采用石料或碎石混凝土进行砌筑。其中，最常见的是重力式"U"形桥台。墩台身负责承载结构荷载，并承受台后土压力，同时翼墙与路堤相连，适用于填土高度在8~10m的中等以上跨度的桥梁。为了有效排水，墩台背部宜采用渗水性良好的土料填筑。墩帽直接支撑着承载结构，其厚度通常不小于0.3~0.4m（对于大跨度桥梁取最大值），并设有0.05~0.10m的搭接口。常用的材料为200#混凝土，并增设构造筋以增强其强度。

（2）轻型墩、台

轻型墩、台一般采用钢筋混凝土结构，包括薄壁式、双柱式等形式。薄壁式桥台适用于软弱地基，有悬臂式、撑墙式等不同类型。悬臂式桥台需要较多的混凝土和钢材，而撑墙式则需要大量的模板。双柱式桥台由于受到的土压力较小，适用于地基承载力较低、台身较高、填土高度小于5m、跨度较大的桥梁。

轻型桥墩包括钢筋混凝土薄壁墩、柱式墩等形式。薄壁墩的截面形状多样，包括一字形、工字形、箱形、圆形薄壁空心等，其高度一般不超过7m。一字形薄壁墩结构简单，适用于地基承载力较弱的地区。柱式墩是公路桥梁中广泛采用的形式之一，由基础以上的承台、柱式墩身和盖梁组成。墩身通常由1~4根立柱沿桥横向排列，柱身形状多样，可以是直径为0.6~1.5m的圆柱，也可以是方形、六角形等形式。当墩高度超过6~7m时，可以增设横向系梁以加强柱身的横向联系。

6. 桥梁基础

桥梁基础埋深在5m以内被归类为浅基础，而超过5m则称为深基础。浅基础常为刚性扩大基础，其平面形状一般为矩形，而在剖面上呈现台阶形状。这种基础适用于地基承载力高且冲刷深度较小的情况。然而，当浅层地基松软或承载力不足时，就需要采用深基础，如桩基础或沉井基础。

（1）桩基础

桩基础由桩和承台组成，桩在平面上排列成一排或几排，而桩顶则与承台相连，形成整体结构。承台上方通常修筑桥墩或桥台。根据不同的作用，桩可分为支承桩和摩擦桩。支承桩依靠桩底土层支撑垂直荷载，而摩擦桩则主要依靠桩侧与土之间的摩擦力支撑垂直荷载。桩基础的施工方法包括以下几种：

①打入

预制好的钢筋混凝土管桩或实心桩、钢桩通过打桩机打入地基到设计深度。这种方法适用于桩径在0.6m以下，地基为细砂性土、黏土、塑性土及松散碎卵石层。然而，对于含有大卵石、漂石的地基，这种方法施工难度较大。

②钻孔灌注

使用钻机钻孔（在地基较好时，也可人工挖孔），在孔内放入钢筋骨架，然后灌注混凝土以形成桩。这种方法适用于砂性土、黏土、碎卵石类土层中。然而，对于流砂、淤泥或含有承压水地层，则不适用这种施工方法。

③管柱

使用振动桩锤将直径为1~5m的预制钢筋混凝土或预应力混凝土管柱

垂直下沉到基岩（通常需要高压水和吸泥机配合）。然后在管柱内使用凿岩机凿岩开孔，放入钢筋骨架笼，再灌注混凝土以将管柱与基岩连接。管柱的每节长度通常为 4m、8m 或 10m，接头则使用法兰盘和螺栓连接。

（2）沉井基础

沉井是一种以混凝土、钢筋混凝土或砖石构建的井筒状结构。在施工时，沉井被定位于桥梁基础位置的地表，然后在井内挖土，利用沉井自身重量克服井外壁的摩阻力，使其下沉至设计标高。随后，使用混凝土封底并填塞井孔，形成沉井基础。沉井基础具有较强的整体性和稳定性，能够承受大荷载，且在水下施工时不需要围堰，施工相对简单。然而，在存在流砂和大卵石的地层中施工则会面临困难。沉井的平面形状多样，包括圆形、矩形等，其中最常见的是矩形两端带有半圆的圆端沉井，这种设计能够促使河水畅通，同时也方便井内挖土。

7. 护坡、护岸、导流工程

护坡、护岸、导流工程是桥梁工程中不可或缺的部分，除了基本结构之外，它们也起着重要的作用。

（1）护坡

通常采用砌石锥形护坡（可以使用砌石或混凝土），也有八字墙的设计。

（2）护岸

对于易受水流冲刷的河岸，特别是在桥的上游和下游位置，需要进行护岸工程。护岸工程多采用础石或预制混凝土进行砌筑。

（3）导流工程

为了确保水流能够顺利通过桥孔，有时需要沿桥墩方向修建导流堤。通常，导流堤会采用浆砌石或混凝土进行建造。在流冰的河道上，为了防止流冰对桥墩造成冲击，还可以在桥墩上修建破冰棱体。

（三）拱桥

1. 拱桥的基本组成及特点

在中国的公路桥梁中，拱桥被广泛采用。根据使用的建筑材料不同，有圬工（主要是浆砌石，也有砖、混凝土）、钢筋混凝土拱桥和钢拱桥等类型。

拱桥与其他桥梁一样，由上部结构（桥跨结构）和下部结构组成。

拱桥的桥跨结构（上部结构）由拱圈及其上的建筑组成，在竖向荷载作用下，桥的支座处不仅产生竖向反力，还会产生水平推力。由于拱是主要承受压力的结构，因此通常采用承压性能良好的圬工材料进行构造。这种材料易于取得，构造简单，承载能力强，跨度大，养护费用低。然而，由于拱自身重量大且水平推力较大，对地基要求较高。

为了减轻拱的重量，采用钢筋混凝土拱桥，不仅可以减少桥跨结构的工程量，还可以减少墩台和基础的建造量，提高了拱桥的经济性，并扩大了其使用范围。

2. 拱圈及拱铰

（1）拱圈（主拱圈）

主拱圈承担着重要的承载任务。拱的轴线形式可以是圆弧形、双曲线形和悬链线形。根据拱圈的截面形式不同，拱桥可以分为板拱、肋拱、双曲拱和箱形拱等类型。双曲拱桥是在 20 世纪 60 年代由我国创造的一种创新型拱桥，双曲拱桥节省材料、施工简便，跨度为 90～150m。

（2）拱铰

为了减少由于基础位移、温度变化、混凝土收缩及徐变等因素在拱圈内产生的额外应力，在地基条件不佳的情况下，可以在拱圈的拱脚和拱顶设置拱铰，形成三铰拱，仅在两拱脚设置铰链的则为二铰拱桥。

常见的拱铰包括弧形铰、铅垫铰、平铰、不完全铰和钢铰。弧形铰由一个曲率半径为 R1 的凸面和一个曲率半径为 R2 的凹面构成，其中 R2 与 R1 的比值在 1.2～1.5。弧形铰可采用钢筋混凝土、混凝土或石料制成。铅垫铰采用厚度为 15～20mm 的铅垫板外包锌或铜（厚度为 10～20mm）薄片制成，垫板的宽度为拱圈高度的 1/4～1/3。平铰可采用油毛毡、低标号砂浆或直接干砌接头，适用于跨度较小的拱桥或空腹拱。不完全铰主要用于腹拱圈或人行桥。钢铰适用于大跨径拱桥。

3. 拱上建筑

拱圈以上直至桥面系统被称为拱上建筑。拱上建筑有两种形式：实腹式和空腹式。

（1）实腹式

实腹式拱上建筑由拱上侧墙、填料和桥面构成。填料通常使用砾卵石、粗砂、黏土或混合料夯实，具有良好的透水性且成本较低。当散料不易获得时，也可以采用砌石砌筑填料。

（2）空腹式拱上建筑

对于大跨径和矢高较大的拱桥，特别是中跨径的情况，通常采用空腹式拱上建筑，以减少填料用量和重量，从而降低拱圈的负荷。空腹式拱上建筑有两种形式：拱式腹孔和梁式腹孔。拱式腹孔通常用于圬工拱桥，其外观笨重且对地基要求较高。腹拱的跨径一般为2.5~5.5m。腹拱的拱圈形式可以是板拱、双曲拱、微弯拱和扁壳等。大跨径的钢筋混凝土拱桥通常采用梁式腹孔，这样可以使桥的结构更轻巧，减轻拱上的重量并降低地基的承载力。梁式腹孔的梁可以是简支梁、连续梁或连续刚架等形式。

4. 拱上建筑的细部构造

（1）伸缩缝与变形缝

受荷载、材料收缩和温度变化的影响，拱圈与拱上建筑顶部可能发生变形并产生裂缝，为此常使用伸缩缝将拱上建筑与墩台分隔开。对于跨径较小的实腹式拱桥，可仅在两脚的上方设置伸缩缝。而对于空腹式拱桥的拱式腹孔，通常将紧靠墩（台）的第一个腹拱圈设计为三铰拱，并在靠近墩台的拱铰上方侧墙设置伸缩缝，而在其他两个铰的上方侧墙设置变形缝。伸缩缝的宽度一般为2~3cm，通常夹有油毡，而变形缝则只是断开，并没有缝宽。

（2）排水及防水层

拱桥的排水包括桥面排水和渗水排除。桥面通常呈1.5%~3%的横坡，通过斜泄水管将水排到墙侧以外。也可以在桥栏下方设置垂直排水管以排除渗水。防水层常采用二毡三油或三毡四油构建。在降雨较少的地区，也可以使用沥青作为防水层。对于要求较低的桥梁，还可以使用石灰三合土、石灰黏土砂浆或黏土胶泥作为防水层。

（3）桥面及人行道

桥面的铺装通常使用碎石、沥青混凝土或混凝土，具体根据公路等级和路面使用的材料而定。在拱顶与桥面铺装之间的填料，在行车道边缘的厚度不应少于80mm。混凝土桥面的拱顶内部可设置小直径钢筋网，并应具有横向伸缩功能。人行道和栏杆的构造与梁桥相似，通常位于行车道两侧。

5. 桥台与桥墩

（1）桥台

桥台的形式多样，包括重力式 U 形、齿槛式、空腹式、轻型和组合式。重力式 U 形桥台类似于梁桥的 U 形桥台，而轻型桥台相对于重力式桥台，尺寸更小，依靠台后的弹性抗力来平衡拱桥的推力，适用于小跨径拱桥。组合式桥台在台身后加后座，以抵抗拱的推力。前者适用于软基、河床冲刷较小的小跨径拱桥，而后者适用于地基较软、冲刷较小的大、中跨径拱桥。

（2）桥墩

拱桥的桥墩包括重力式、柱式和单向推力桥墩。前两者类似于梁桥的桥墩。单向推力墩用于防止多孔拱桥中一孔破坏危及全桥，或在采用无支架或早脱模施工时，承受裸拱或全桥对桥墩的单向推力。通常每隔 3~5 孔设置一个单向推力墩。

6. 拱桥基础及其他建筑

拱桥台基可以采用扩大基础、桩基、沉井、管柱等形式，与梁桥相似。齿槛式或空腹式桥台则制作成底板形式。

（四）混凝土斜拉桥

斜拉桥由主梁、拉索和索塔三部分组成。

1. 主梁

混凝土斜拉桥的主梁常采用板式和箱梁式断面形式。板式梁适用于索距较密且桥宽不大的情况。分离式箱梁整体抗扭刚度较差，而封闭式箱梁则具有很强的抗扭能力，但节段重量较大，风动荷载也较大。半封闭箱梁具有良好的风动力性能，特别适合索距较高的宽桥。

2. 拉索

常用的拉索包括平行钢丝束、钢绞索和封闭式钢索。钢绞索由平行钢丝扭绕而成，我国多采用平行钢丝束。

拉索的布置形式包括辐射式、平行式、扇式和星式四种。辐射式拉索的斜拉力较小，但拉索集中于塔顶，造成锚头拥挤，构造处理较为困难，且塔身受到的压力最大，需要较大的刚度来保证压曲稳定。平行式各索倾角相同，各索锚固设备构造相同，塔中压力逐段向下增大，有利于塔的稳定，但消耗的钢量较大，并且由于各对索拉力的差别，会导致塔身产生较大的弯曲。扇形布置介于以上两种之间，拉索在塔上和主梁上分别等距布置，兼顾了以上两种形式的优点，并减少了缺点，因此得到了较广泛的应用。星形布置将拉索集中在主梁上的一个点，未能减小跨径且构造复杂，在斜拉桥边跨不大时，可以将星形布置用于边跨部分，而中跨则采用扇形布置，以增加桥梁整体的刚度。

3. 索塔

在桥梁纵向视角下，索塔的形式包括单柱式、A 式和倒 Y 式。单柱式结构简单，应用广泛。而后两种形式能更好地承受弯曲力，增强抗振能力。从桥梁横向看，索塔的形式有门式、A 式、双柱式和单柱式。门式塔通常用于承受较大的横向荷载。双柱式适用于横向荷载较小的情况，A 形塔具有良好的横向刚度，单柱式适用于单平面索的斜拉桥。索塔的横截面可以是实心、工字形或箱形等形式。

索塔与桥墩的连接方式有三种方法，包括索塔与桥墩的固结、索塔与主梁的固结以及塔脚与桥墩的铰接。索塔与桥墩固结的方式具有整体结构刚度大的特点，因此在混凝土斜拉桥中较为常见。当采用单柱式索塔或在不均匀沉陷地基上的桥梁使用门式塔时，可以考虑采用索塔与主梁固结的方式。而塔脚与桥墩铰接的方式能够消除塔脚的弯曲力，对于软基上的桥梁有利，但会降低整体结构的刚度。

二、桥梁的总体规划设计

(一) 桥梁设计的基本要求

桥梁设计必须同时兼顾安全、实用、经济和美观的要求。

1. 安全

桥梁各部分结构的强度、刚度和稳定性必须符合标准要求，并具备抗地震、飓风等自然灾害的能力，以确保桥梁的安全性。

2. 实用

桥面行车道和人行道的宽度应满足交通畅通的需要，桥下净空应符合泄洪、通航或通车的要求，以确保桥梁的实用性。

3. 经济

在优化设计的基础上，合理选择跨径、结构形式和建筑材料，以使上下部结构的总造价最低，实现经济效益最大化。

4. 美观

桥梁的造型应优美，并与周围环境相协调，使其成为景观的一部分，提升城市形象和居民的生活品质。

此外，选择的结构形式应便于施工，以确保工程质量和施工安全。

(二) 桥位选择

桥梁的位置选择至关重要，它直接影响到桥梁的工程量、造价以及日后的安全和运行费用。因此，必须慎重对待。在选择桥位时，应重点考虑以下方面：①对于大、中型桥梁，应该遵循路线总体方向，同时考虑路线与桥梁的整体协调，而小型桥梁则应该服从路线的定向。②对于跨越河流的桥梁，最好选择在河流通畅、河面较窄、水位稳定的河段，桥梁的中线应尽可能与洪水主流方向垂直。③桥梁位置应位于地质较为坚硬、覆盖层较浅的地区。特别需要注意避免穿越断层、溶洞、软弱夹层地带。④桥梁位置应确保桥头引道线路平顺，以便车辆进出。⑤在选择桥位时，还需要考虑施工场地布置、材料运输以及便道设置等施工要求，以确保施工的顺利进行。

综上所述，桥梁位置选择是一项复杂的任务，需要综合考虑多个因素，以确保桥梁的安全、经济和实用性。

(三) 桥梁的纵断面设计

桥梁的纵断面设计包括以下方面。

1. 桥梁总跨径

总跨径的确定受到河 (沟) 的自然宽度以及洪水经过时河床冲刷允许范围的影响。

2. 桥梁分孔

最经济的跨径应当考虑上部结构与下部结构的总造价最低。但也需要考虑地基条件 (如两岸是否坚实、河槽是否软弱)，以及通航宽度等因素。

3. 桥面高度

桥面高度的确定需根据路线纵断面设计、设计洪水位以及桥下通航净空来确定。

4. 桥下净空

对于非通航河道，梁底应高出设计洪水位（包括壅水和浪高）不少于0.5m，高出最高洪水位不少于0.75m，支座底面高出设计供水位不少于0.5m；无铰拱桥允许设计洪水位高出拱脚，但不得超过拱圈矢高的2/3，顶底高出设计洪水位不少于1.0m。

5. 桥面纵坡

大、中型桥面纵坡不宜大于4%，桥上引道纵坡不宜大于5%，市镇桥面纵坡不得大于3%。

(四) 桥梁横断面设计

桥梁横断面设计包括：行车道宽度、桥上空间净空、桥面横坡与人行道和自行车道宽度。

1. 行车道宽度

各级公路桥面行车道净宽标准，如表1-1所示。

表1-1　桥面行车道净宽标准

公路等级	桥面行车道净宽（m）	车道数（道）
高速公路一	2×净（桥上净空高度）−7.5	4
高速公路二	净−9	2
高速公路三	净−7	2
高速公路四	净−7	2或1

2. 桥上净空高度

根据道路等级的不同，高速一、二级公路的桥上净空高度应为5.0m，而三、四级公路的桥上净空高度则为4.5m。

3. 桥面横坡

为了确保桥面排水畅通，通常在桥面中央向两侧设置1.5%~3.0%的坡度。在弯道桥梁上，还需根据路线要求进行加宽和设置超高。

4. 人行道及自行车道的宽度

人行道和自行车道的宽度应根据实际需求确定，一般人行道的宽度为 0.75m 或 1.0m，如果超过 1.0m，则以 0.5m 为倍数进行增加。

（五）桥的平面布置

桥梁线型和桥头引道应设计为适宜车辆平稳通过的形式。大、中型桥梁通常采用直线布置，如果受地形影响需要修建曲线桥，那么曲线的各项指标应符合路线要求。在建设斜交桥时，对于非通航河道，斜度不得超过 45°；而对于通航河道，桥墩沿水流方向的轴线与通航水位的主流方向交角不宜大于 5°。

第二章　市政道路工程施工

第一节　路基工程施工

一、路基施工前的准备工作

(一) 熟悉设计文件

设计文件是组织工程施工的主要依据。熟悉、审核施工图纸是领会设计意图、明确工程内容、分析工程特点的重要环节。在有关施工人员熟悉图纸、充分准备的基础上，由建设单位负责人召集设计、施工、监理科研人员参加图纸会审会议。设计人员向承包人作图纸交底，讲清设计意图和对施工的主要要求。施工人员应对图纸和有关问题提出质询，最终由设计单位吸取图纸会审中提出的合理化建议，按程序进行变更设计或做补充设计。

(二) 现场踏勘

路基工程施工前，需要对现场进行勘察，确保实际情况与设计图纸保持一致，一旦发现问题，要及时调整。现场踏勘的内容主要包含以下几点。

第一，对施工有影响需要拆迁的各种建筑物、构筑物、公用事业杆线、管道和附属设施以及树木、农作物、坟墓等。

第二，因施工影响沿线建筑物、构筑物、公用事业杆线、管道安全，需要加固保护的结构、数量和确切位置。

第三，沿线需重点保护的历史文物、古迹、测量标志及军事设施等。

第四，了解沿线填方、挖方的地段和数量以及可供借土或弃土的地点。

第五，摸清沿线可利用的排水沟渠和下水道，以及以往暴雨后的积水情况，以便考虑施工期间的排水措施。

第六，了解现场附近供水、供电、通信设施、运输路线、场地及其他设施的情况。

第七，对外露的检查井、消防栓、人防通气孔等应在图上标明，以备核对，避免埋没或堵塞。

第八，了解沿线各单位因施工受到的影响情况及车辆交通影响，以便提出安排方案。

(三) 编制施工大纲与施工组织

编制施工大纲是指在道路工程施工之前，需要结合设计图纸与现场踏勘的实际情况，编制施工大纲，确定施工顺序、施工方法、施工进度以及工/料计划等。

施工组织设计是指导施工现场全过程、规划性、全局性的技术、经济和组织的综合性文件，是施工准备工作的重要组成部分。通过施工组织设计，能为施工企业编制施工计划，为实施施工准备工作计划提供依据，保证拟建工程施工的顺利进行。

(四) 编制施工图预算和施工预算

在设计交底和图纸会审的基础上，施工组织设计已被批准，预算部门即可着手编制单位工程施工图预算和施工预算，以确定人工、材料和机械费用支出；确定人工数量、材料消耗数量及机械台班使用量等。

施工图预算是由施工单位主持，在拟建工程开工前的施工准备工作期间所编制的确定建筑安装工程造价的经济文件，是施工企业签订工程承包合同，工程结算，银行拨、贷款，进行企业经济核算的依据。

施工预算是根据施工图预算、施工图样、施工组织设计和施工定额等文件，综合企业和工程实际情况所编制的。在工程确定承包关系以后进行，是施工单位内部经济核算和班组承包的依据。

(五) 物资准备工作

物资准备工作是指施工中必需的劳动手段和施工对象的准备。它是根据各种物资需要量计划，分别落实货源、组织运输和安排储备，以保证连续施工的需要。物资准备是各种材料与机具设备购置、采集、调配、运输和储存，临时便道及工程房屋的修建，供水、供电、必需生活设施等的安装及建设等工作。

在道路施工前，各种生产、生活必需的临时设施，如各种仓库、搅拌站、预制构件厂（站、场）、各种生产作业棚、办公用房、宿舍、食堂、文化设施等均应按施工组织需要的数量、标准、面积、位置等在施工前修建完毕。

修建完成各种生产、生活必需的临时设施后，应及时根据施工组织设计确定的材料、半成品、预制构件的数量、品种、规格以及施工机具设备，编制好物资供应计划，按计划订货和组织进货，按照施工平面图要求在指定地点堆存或入库；对沙子、碎石、钢材等材料应提前做各种试验，确定其是否满足设计要求；对各种标号混凝土提前做好配比；对施工将用的施工机械和机具需用量进行计划，按计划进场安装、检修和试运转。

施工队应提早调整，健全和充实施工组织机构，进行特殊工种、稀缺工种的技术培训，提前预招临时工和合同工，落实专业施工队伍和外包施工队伍。同时，根据地理位置、气候条件，冬、雨期施工也应做些适当准备。

（六）测量控制

1. 导线复测

当原测中线的主要控制桩由导线来控制时，施工单位必须根据设计资料认真做好导线复测工作，根据地面上的控制桩做好检查复测工作。

导线复测要求精度较高，应采用现代先进的测量仪器（如红外线测距仪等）进行测量，测量精度应符合有关规程的规定。在进行正式测量前，应对使用的仪器进行认真检验、校正，以确保其测量精度。

当原有导线点不能满足施工要求时，应适当加密，保证在公路施工全过程中相邻导线点间能互相通视。

导线起、讫点应与设计单位的测定结果进行比较，测量精度应满足设计要求。当设计未具体规定时，应满足《公路路基施工技术规范》中导线测量技术要求的内容。

复测导线时，必须确保其和相邻施工段的导线闭合。

对妨碍施工的导线点，在施工前应当加以固定，固定方法可采用交点法或其他固定方法。设置的护桩应牢固可靠，桩位应便于架设测量仪器，并设在施工范围以外。其他控制点也可以参照此法进行固定。

2. 水准点复测与加密

水准点精度应符合技术标准的规定；沿路线每500m应设一个水准点。在结构物附近、高填深挖路段、工程量集中及地形复杂路段，要增设水准点。临时水准点必须符合相应等级的精度要求，并与相邻水准点闭合；当水准点有可能受到施工影响时，应进行处理。

3. 中线放样

路基开工前，要进行全段中线放样并固定路线主要控制桩，高速公路、一级公路宜采用坐标法进行测量放样；中线放样时，要注意路线中线与结构物中心、相邻施工段的中线闭合，发现问题要及时查明原因，并进行处理；设计图纸和实际放样不符时，必须查明原因后进行处理。

4. 横断面图核对

横断面图是否准确，关系到施工放样、工程量计算、施工标准、场地布置和工程结算等。在路基正式施工前，应详细检查、核对设计单位提供的横断面图，如果发现问题，应进行复测，并及时报告监理工程师和业主。如果设计单位未提供横断面图，应按照有关规定全部进行补测。

5. 路基工程放样

在路基工程正式施工前，应根据恢复的路线中桩、设计图表、施工机械、施工工艺和有关规定，确定路基用地界桩、路堤坡脚桩、路堑堑顶桩、边沟、取土坑、护坡道、弃土堆等的具体位置。在距路中心一定安全距离处，还要设立控制桩，其间距一般不宜大于50m。在桩上应注明桩号、相对路中心的填挖高，通常用"+"表示填方，用"-"表示挖方。

在放完边桩后，应进行边坡的放样。对于深挖高填地段，每挖、填5m应复测一次中线桩，测定其标高及宽度，以控制边坡角的大小。

对于施工工期较长的公路工程，在路基工程施工期间，应至少每半年复测一次水准点。在季节冻融地区施工的路基，在冻融后也应对水准点进行复测。

采用机械施工时，应在边桩处设立明显的填挖标志。高速公路和一级公路在施工过程中，宜在不大于200m的路段内，距中心桩一定距离处埋设能够控制标高的控制桩，从而进行准确的施工控制。如果在施工中桩被碰倒或丢失，应当及时按规定将其补上，以免影响工程的正常施工。

取土坑放样时，应在坑的边缘设立明显标志，注明土场供应里程桩号及挖掘深度；对于排水用的取土坑，当挖至距设计坑底 0.2～0.3m 时，应按照设计修整坑底纵坡。

边沟、截水沟和排水沟放样时，宜先做成样板架检查，也可每隔10～20m 在沟内外边缘钉上木桩并注明里程及挖深。

在整个路基工程施工中，应注意保护设置的所有标志，特别注意保护一些原始控制点。

(七) 试验

路基施工前，按照有关规定和要求，建立工地实验室；要对路基基底土进行相关试验，每千米至少取两个点。当土质改变时，视具体情况增加取样点数；要及时对来源不同、性质不同的拟作为路基填料的材料进行复查和取样试验，试验项目包括天然含水量、液限、塑限、标准击实试验、CBR 试验等，必要时应进行颗粒分析、比重、有机质含量、易溶盐含量、冻胀和膨胀量等试验；如使用特殊材料作为填料，应按相关标准做相应试验，必要时还应进行环境影响评估，经批准后方可使用。

(八) 施工场地的准备

1. 搭建临时设施

现场生活和生产用地临时设施，在布置安装时，要遵照当地有关规定进行规划布置，如房屋的间距、标准是否符合卫生和防火要求，污水和垃圾的排放是否符合环境的要求等。因此，临时建筑平面图及主要房屋结构图都应报请城市规划、市政、消防、交通、环境保护等有关部门审查批准。

各种生产、生活用的临时设施，包括各种仓库、混凝土搅拌站、预制构件场、机修站、各种生产作业棚、办公用房、宿舍、食堂、文化生活设施等，均应按批准的施工组织设计规定的数量、标准、面积、位置等要求组织修建。大、中型公路工程可分批分期修建。

2.临时交通便道

在工地布设临时交通便道时应遵循下列原则。

临时交通道路以最短距离通往主体工程施工场所，并连接主干道路，使内外交通便利；充分利用原有道路，对不满足使用要求的原有道路，应在充分利用的基础上对其进行改建，节约投资和施工准备时间；在本工程的施工与现有的道路、桥涵发生冲突和干扰之处，承包人要在本工程施工之前完成改道施工或修建临时道路；利用现有的乡村道路作为临时道路，应将该乡村道路进行修整、加宽、加固及设置必要的交通标志，并经监理工程师验收合格后方可通行；工程施工期间，应配备人员对临时道路进行养护，以保证临时道路的正常通行；尽量避开洼地和河流，不建或少建临时桥梁。

3.清理场地

清理场地也是路基工程施工前的一项重要准备工作。如场地清理不符合要求，不仅不能保证公路工程的质量，而且会严重影响整个工程的施工进度。清理场地主要包括以下工作。

在进行路基工程施工之前，需要根据设计说明书上的具体要求进行公路用地放样工作，由业主进行土地征用工作及手续的办理。作为施工单位，需要根据实际施工过程中的用地需要，向相关部门提出增加临时用地计划，并且对增加的部分进行测量，将测量的数据汇总，形成平面图，上交给相关部门，以便拆迁及临时用地手续等工作的进行。

在路基施工用地的范围内，如果有房屋、道路以及各种通信及电力设施等构筑物，施工之前需要向有关部门进行协商，以便进行拆迁或改造。如果在施工地点附近存在较为危险的建筑物，那么为了保障施工安全和施工质量，需要将存在危险的建筑物加固。若在施工范围内存在文物古迹，应与相关部门进行协商，尽可能保护文物古迹。

在路基工程施工之前，需要将施工范围内的树木进行清理。可以将树木移植到路基工程的施工范围之外，如果需要砍伐树木，那么被砍伐的树木也要转移到路基用地的范围外，并进行妥善处理，避免火灾等安全事故的发生。

对于二级或者二级以上的公路和填方高度在1m以内的公路路堤，需要把路基基地范围内的所有树根挖除，把坑穴填平，并使用专用机械将其夯实；对于二级以下或者填方高度大于1m的公路路堤，可以不必将树根全部挖除，但需要注意的是，树根绝对不能露出地面。此外，取土坑范围内的树根也需要全部清除。

路幅范围内以及取土坑表面的植被、草皮以及腐殖土全部清理干净，同时，清理填方和借方地段的地面。具体清理的深度需要以实际种植土的厚度来确定，清理出的种植土要集中处理，避免影响施工或者出现安全隐患。填方路段在将表面清理干净后，需要进行整平、压实等工序，待其符合标准时才能够进行填方工作。

二、填方路基施工

(一) 路基填料的选择

1. 路基填料的一般要求

含草皮、生活垃圾、树根、腐殖质的土严禁作为填料。

泥炭、淤泥、冻土、强膨胀土、有机质土及易溶盐超过允许含量的土，不得直接用于填筑路基。确需使用时，必须采取技术措施进行处理，经检验满足设计要求后方可使用。

液限大于50%、塑性指数大于26、含水率不适宜直接压实的细粒土，不得直接作为路堤填料。需要使用时，必须采取技术措施进行处理，经检验满足设计要求后方可使用。

粉质土不宜直接填筑于路床，不得直接填筑于冰冻地区的路床及浸水部分的路堤。

2. 路基填料的工程性质

石质土：石质土由粒径大于2mm的碎 (砾) 石，其含量由25%~50%及大于50%两部分组成。如碎 (砾) 石土，空隙度大，透水性强，压缩性低，内摩擦角大，强度高，属于较好的路基填料。

沙土：沙土没有塑性，但透水性好，毛细水上升高度很小，具有较大的摩擦系数。沙土路基强度高，水稳定性好。但沙土黏性小，易于松散，受水流冲刷和风蚀易损坏，在使用时可掺入黏性大的土改善质量。

沙性土：沙性土是良好的路基填料，既有足够的内摩擦力，又有一定的黏聚力。一般遇水干得快、不膨胀，易被压实，易构成实的表面。

粉质土：粉质土不宜直接填筑于路床，必须掺入较好的土体后才能用作路基填料，且在高等级公路中，只能用于路堤下层（距路槽底 0.8m 以下）。

轻、重黏土：轻、重黏土不是理想的路基填料，规范规定，液限大于 50%，塑性指数大于 26、含水量不适宜直接压实的细粒土，不得直接作为路基填料，需要使用时，必须采取技术措施进行处理，经检查满足设计要求后方可使用。

黄土、盐渍土、膨胀土：黄土、盐渍土、膨胀土等特殊土体不得已必须用作路基填料时，应严格按其特殊的施工要求进行施工。泥炭、淤泥、冻土、有机质土、强膨胀土、含草皮土、生活垃圾、树根和含有腐殖物质的土不得用作路基填料。

煤渣、高炉矿渣、钢渣、电石渣：满足要求（最小强度 CBR、最大粒径、有害物质含量等）或经过处理之后满足要求的煤渣、高炉矿渣、钢渣、电石渣等工业废渣可以用作路基填料，但在使用过程中应注意避免造成环境污染。

（二）路堤填筑

1. 土方路堤填筑

（1）填筑要求

性质不同的填料不能混合在一起，而是根据填料的性质水平分层、分段填筑，最后分层压实。需要注意的是，每种填料的填筑层在完全压实之后的厚度最低为 500mm，最后一层的厚度最低为 100mm。

路基的最上层应该填筑对潮湿或者冻害敏感度低的材料。越是强度小的材料，越应该填筑在底层。如果路基施工的地带存在地下水或者邻水，那么填料应该选择透水性好的材料。

在透水性不好的压实层上填筑透水性较好的填料前，应在其表面设 2% ~ 4% 的双向横坡，并采取相应的防水措施。不得在由透水性较好的填料所填筑的路堤边坡上覆盖透水性不好的填料。每种填料的松铺厚度应通过试验确定，每一填筑层压实后的宽度不得小于设计宽度。在路堤填筑时，应从最低处起分层填筑，逐层压实；当原地面纵坡大于 12% 或横坡陡于 1：5 时，应按设计要求挖台阶，或设置坡度向内并大于4%、宽度大于2m的台阶。

填方分几个作业段施工时，接头部位如不能交替填筑，则先填路段，应按1∶1坡度分层留台阶；如能交替填筑，则应分层相互交替搭接，搭接长度不小于2m。

（2）一般填筑方法

①水平分层填筑

填筑时按照横断面全宽分成水平层次，逐层向上填筑。如原地面不平，应由最低处分层填起。每填一层，经压实合格后再填上一层。此法施工操作方便、安全，压实质量易保证。

②纵坡分层填筑

适用于推土机或铲运机从路堑取土填筑运距较短的路堤。依纵坡方向分层、逐层推土填筑。原地面纵坡小于20°的地段可用此法施工。

③横向填筑

从路基一端按各横断面的全部高度，逐步推进填筑，适用于无法自下而上分层填土的陡坡、断岩或泥沼地区。此法不易压实，且还有沉陷不均匀的缺点。为此，应采用必要的技术措施，如选用高效能的压实机械（振动压路机）碾压，采用沉陷量较小的沙性土或废石方作填料等。

④混合填筑

当高等级公路路线穿过深谷陡坡，尤其是要求上部的压实度标准较高时，下层施工应采用横向填筑，上层施工应采用水平分层填筑，此种方法称为混合填筑法。

（3）机械填筑路堤作业方式

①推土机填筑路堤作业方式

推土机作业包含四个环节：切土、推土、堆斜和空反，对推土机的工作效率影响最大的环节为切土与推土。切土环节的速度以及推土过程中对能量的利用程度是决定推土机推土效率的主要因素。推土机的作业方式很多，常见的有坑槽推土、波浪式推土、并列推土、下坡推土和接力推土。

②挖掘机填筑路堤作业方式

填筑路堤这项工作也可以由挖掘机来完成。

挖掘机有两种工作方式：第一，挖掘机直接从路基的一层挖土，然后将这些土卸向另一侧，用来进行路堤填筑。一般情况下，采用这种方式施工时，人们会使用反铲挖掘机。第二，使用运土车辆配合挖掘机进行工作。挖掘机将挖出的土壤装至运土车内，由运土车将土壤运送到需填筑路堤的路段。这是目前使用较为广泛的作业方式，尤其是取土场地比较集中、运送距离相对较长的工作环境，且正铲挖掘机与反铲挖掘机都能够适应这种工作方式。

2. 填石路堤的填筑

（1）基底处理

填方地段的基底需要进行严格处理。如果地面的坡度大于 1∶2.5，那么应挖台阶；如果基底下有淤泥、地下水等，这样的基底需要进行特殊处理，在施工之前需要报请监理工程师，得到批准签字之后，才能进行施工。

填石路堤的填料相对来说较为坚硬，进行压实工作比较困难，填石材料又具有较高的透水性，水非常容易通过路面、边坡等位置进入基底，导致路基潮湿，严重时可能会使路面产生不均匀沉降等问题。

为了防止这一问题，在施工过程中，除了满足土质路堤表面处理的规定之外，还应该满足不同路堤填高对地基承载力的要求。

如果路堤高度在 10m 以内，那么地基的承载力必须大于 150kPa；如果路堤高度在 10～20m，那么地基的承载力必须大于 200kPa；如果路堤高度大于 20m，此时路基需要在岩石地基面上进行填筑。

（2）填筑要求

填石路堤填筑应根据试验路段得出的施工技术参数，按照运输车辆运量测算的尺寸，用白灰画柜卸填料（方格不小于 4m×4m），严格进行拉线施工，控制每层的松铺厚度。

在进行填石路堤施工时，每填筑一层，都需要对其宽度进行放样处理，将设计边线清晰地标记出来，以便后期能随时检查，避免填筑的宽度不符合要求。需要注意的是，在用白灰绘制设计边线时，路基碾压应从超填宽度的边缘起，由外向内推进。

用大型推土机按其松铺厚度摊平，个别不平处人工找平。在整修过程中，发现有超粒径的石块应予以剔除，做到粗颗粒分布均匀，避免出现粗颗粒集中现象。

填石路堤应进行边坡码砌，边坡码砌石料强度要求不低于30MPa，码砌石块最小尺寸不小于30cm，石块须规则。

填高小于5m的填石路堤，边坡码砌厚度不小于1m；填高5~12m的填石路堤，边坡码砌厚度不小于1.5m；填高大于12m的填石路堤，边坡码砌厚度不小于2m。

应分层填筑、分层压实。最后一层碎石粒径应小于15cm，其中小于0.05mm的细粒含量不应小于30%，当上层为细粒土时，应设置土工布作为隔离层。

填石路堤的填料如其岩性相差较大，特别是岩石强度相差较大时，应将不同岩性的填料分层或分段填筑。

（3）填筑方法

①竖向填筑法

竖向填筑法主要用于铺设二级及二级以下的低级路面公路，在陡峻山坡施工特别困难或大量爆破以挖作填路段，以及无法自下而上分层填筑的陡坡、断岩、泥沼地区和水中作业的填石路堤。

②分层压实法

分层压实法是目前采用最为普遍且作业质量较高的方法之一。分层压实法从下到上分为若干个层次，依次填筑、依次压实。一级公路、高速公路以及某些高级路面的填石路施工都采用分层压实法施工。

填石路堤将填方路段分为四级施工台阶、四个作业区段、八道工艺流程进行分层施工。

四级施工台阶：在路基面以下0.5m为第一级台阶，0.5~1.5m为第二级台阶，1.5~3.0m为第三级台阶，3.0m以下为第四级台阶。

四个作业区段：填石区段、平整区段、碾压区段、检验区段。施工中填方和挖方作业面形成台阶状，台阶间距视具体情况和适应机械化作业而定，一般长为100m左右。填石作业自最低处开始，逐层水平填筑，每一分层先是机械摊铺主集料，平整作业铺撒嵌缝料，将填石空隙以小石或石屑填满铺平，采用重型振动压路机碾压，压至填筑层顶面石块稳定。

③冲击压实法

冲击压实机的冲击碾周期性大，振幅低频率地对路基填料进行冲击，压密填方；强力夯实法用起重机吊起夯锤从高处自由落下，利用强大的动力冲击，迫使岩土颗粒位移，提高填筑层的密实度和地基强度。

3. 土石路堤施工

（1）填筑要求

采用卵石土、块石土、红砂岩等天然土石混合材料填筑的路堤称为土石混填路堤。在土石混合填料中不得采用倾填法施工，应进行分层填筑，分层压实，分层松铺厚度宜为0.3m（应根据压实机械类型和规格经试验后确定），石料最大粒径不得超过压实厚度的2/3。

当土石混合填料中石料含量小于70%时，应将土、石混合分层铺填、整平压实，避免尺寸较大的石块集中。当石料含量大于70%时，应执行填石路基技术规范和设计要求。

在路床顶面以下0.8m的范围内，应填已有适当级配的土石混合料，最大粒径不超过100mm。

天然土石混合填料中，中硬、硬质石料的最大粒径不得大于压实层厚度的2/3；石料为强风化石料或软质石料时，其CBR值应符合相关技术规范，石料最大粒径不得大于压实层厚度。

压实后透水性差异大的土石混合材料应分层或分段填筑，不宜纵向分幅填筑；如确需纵向分幅填筑，应将压实后渗水良好的土石混合材料填筑于路堤两侧。

填料由土石混合材料变为其他填料时，土石混合材料最后一层的压实厚度应小于300mm，该层填料最大粒径宜小于150mm，压实后，该层表面应无孔洞。

中硬、硬质石料的土石路堤，边坡的石料强度、尺寸及码砌厚度应符合实际要求。边坡码砌与路基填筑宜基本同步进行。软质石料土石路堤的边坡按土质路堤边坡处理。土石混填压实必须使用18t以上的羊足碾和重型振动压路机、大功率推土机及平地机分层组合压实。

（2）施工方法

土石路堤不允许采用倾填方法，均应分层填筑、分层压实，每层铺填厚度应根据压实机械类型和规格确定，一般不宜超过40cm。施工方法主要包括以下几点。

①按填料渗水性能来确定填筑方法

压实后渗水性较大的土石混合填料应分层分段填筑，如需纵向分幅填筑，则应将压实后渗水性较好的土石混合填料填筑于路堤两侧。

②按土石混合料不同来确定填筑方法

当所有土石混合料岩性或土石混合比相差较大时，应分层分段填筑。当不能分层分段填筑时，应将硬质石块混合料铺筑于填筑层下面，且石块不得过分集中或重叠，上面再铺含软质石料混合料，然后整平碾压。

③按填料中石料含量来确定填筑方法

当石料含量超过 70% 时，应先铺填大块石料，且大面向下，放置平稳。再铺填小块石料、石渣或石屑嵌缝找平，然后碾压。当石料含量小于 70%时，土石可以混合铺筑，且硬质石料（特别是尺寸大的硬质石料）不得集中。

三、路基压实

（一）路基压实的意义与作用机理

1. 路基压实的意义

路基施工破坏了土体的天然状态，致使其结构松散，颗粒重新组合。试验研究表明，土基压实后，土体的密实度提高，透水性降低，毛细水上升高度减小，避免了因水分积聚和侵蚀而导致的土基软化，或因冻胀而引起的不均匀变形，提高了路基的强度和水稳定性。

因此，路基的压实工作，既是路基施工过程中的一个重要工序，也是提高路基强度与稳定性的根本技术措施之一。

2. 路基压实的作用机理

路基土是由土粒、水分和空气组成的三相体系。三者具有各自的特性，并相互制约共存于一个统一体中，构成土的各种物理特性——渗透性、黏滞性、弹性、塑性和力学强度等。若三者的组成情况发生改变，则土的物理性质也随之不同。因此，要改变土的特性，得从改变其组成着手。

压实路基就是利用机械的方法，来改变土的结构，以达到提高土的强度和稳定性的目的。路基土受压时，土中的空气大部分被排出土外，土粒则不断靠拢，重新排列成密实的新结构。土粒在外力作用下不断靠拢，使土的内摩阻力和黏结力也不断地增加，从而提高土的强度。同时，由于土粒不断靠拢，水分进入土体的通道减少，阻力增加，降低了土的渗透性。

(二) 土质路基的压实

1. 影响土质路基压实的因素

(1) 含水量对压实的影响

土中含水量对压实效果的影响比较显著。当含水量较小时，由于粒间引力使土保持着比较疏松的状态或凝聚结构，土中空隙大都互相连通，水少而气多，在一定的外部压实功能作用下，虽然土空隙中气体易被排出，密度可以增大，但由于水膜润滑作用不明显以及外部功能不足以克服粒间引力，土粒相对移动不容易，因此压实效果比较差。当含水量逐渐增大时，水膜变厚，引力缩小，水膜起润滑作用，外部压实功能比较容易使土体相对移动，压实效果渐佳。土中含水量过大时，空隙中出现了自由水，压实功能不可能使水排出，压实功能一部分被自由水所抵消，减小了有效压力，压实效果反而降低。然而，含水量较小时，土粒间引力较大，虽然干密度较小，但其强度可能比最佳含水量时还要高。可此时因密实度较低，空隙多，一经饱水，其强度会急剧下降。这又得出结论：在最佳含水量情况下，压实的土水稳性最好，最佳含水量和最大干密度是两个十分重要的指标，对路基设计和施工很有用处。

(2) 土质对压实效果的影响

不同的土质具有不同的最佳含水率及最大干密度，其压实效果也不同。土粒越细，比面积越大，土粒表面的水膜越多。加之黏土中含有亲水性较高的胶体物质，因此，分散性 (液限、黏性) 较高的土，其最佳含水率较高而最大干密度较低。对于沙土，由于其颗粒粗呈松散状，水分易于散失，故最佳含水率对其没有更多的实际意义。

(3) 压实功能对压实效果的影响

压实功能是指压实机具重力、碾压次数、作用时间等。压实功能是影响压实效果的又一重要因素。通常对同一种土，随着压实功能的增大，最佳含水率会随之减小，最大干密度会随之增加。因此，增大压实功能是提高土基密实度的另一方法。由于压实功能增加到一定程度后，土的密度增长就不明显了，因此，这种方法有一定局限性。最经济的办法是严格控制工地现场含水率，使碾压在接近最佳含水率时进行，这样便容易达到规定的压实度。

2. 压实工作的技术要领

以压实原理为依据，以尽可能小的压实功能获得良好的压实效果为目的，压实工作必须很好地组织，并注意以下要点。

填土层在压实前应先整平，可自路中线向路堤两边做 2% ~ 4% 的横坡；压实机具应先轻后重，以适应逐渐增大的土基强度；碾压速度应先慢后快，以免松土被机械推走；压实机具的工作路线，应先两侧后中间，以便形成路拱，再从中间向两边顺次碾；在弯道部分设有超高时，由低的一侧边缘向高的一侧边缘碾压，以便形成单向超高横坡，前后两次轮迹（或夯击）须重叠 15 ~ 20cm；压实时应特别注意均匀，否则可能引起不均匀沉陷；经常检查土的含水量，并视需要采取相应措施。

（三）填石路基的压实

填石路基在压实前，应用大型推土机摊铺平整，个别不平处，应用人工配合以细石屑找平。由于压实施工是将各石块之间的松散接触状态改变为紧密咬合状态，因此，应选择工作质量在 12t 以上的重型振动压路机、工作质量在 2.5t 以上的重锤或 25t 以上的轮胎式压路机压（夯）实。

填石路基在压实时，应先碾压两侧（靠近路肩部分）再碾压中间，压实路线对于轮碾应纵向平行，反复碾压。对夯锤应成弧形，当夯实密实程度达到要求后，再向后移动一夯锤位置。行与行之间应重叠 40 ~ 50cm，前后相邻区段应重叠 100 ~ 150cm。其余注意事项与土质路基相同。

（四）土石路基的压实

土石路基的压实方法与技术要求，应根据混合料中巨粒土含量多少来确定。当巨粒土的含量大于 70% 时，应按填石路基的方法和要求进行压实；当巨粒土的含量小于 50% 时，应按填土路基的方法和要求进行压实。

第二节　路面工程施工

一、路面的结构

(一) 面层

面层位于路面结构最上层，承受行车荷载的作用力，受天气变化的影响。因此，面层应具备较高的强度和刚度，良好的耐久性和抗滑性，较好的水和温度稳定性。一般来说，面层分两层或三层铺筑。例如，高速公路沥青路面的厚度较高，可分为三层铺筑。水泥混凝土路面的两层铺筑，分别使用不同标号的水泥混凝土材料。需要指出的是，用作封闭表面空隙、防止水分侵入面层的封层，简易的沥青表面处理及砂石路面上的磨耗层，都应看作面层的一部分。

(二) 基层

基层位于面层之下，是用高质量材料铺筑的主要承重层。铺筑在基层之下的次要承重层是底基层。基层主要承受由面层传递的行车荷载垂直应力作用，使传递到垫层的应力在容许范围内。基层应具备足够的强度，较好的平整度，良好的耐久性和稳定性。

(三) 垫层

垫层是位于基层和土基之间的结构层，主要起到隔水、隔温、排水、传递和扩散荷载等作用。另外，在碎石基层上铺设垫层能起到隔土的作用，避免土基进入基层而影响碎石基层结构的性能。施工时，应根据垫层在路面结构中的作用选择垫层材料。透水性垫层主要包括砂、砾和炉渣等，稳定性垫层主要包括水泥稳定土和石灰稳定土等。

(四) 联结层

联结层指为加强面层和基层的共同作用或减少基层裂缝对面层的影响，而设在基层上的结构层，经常被视为面层的组成部分。联结层一般采用颗粒较大的沥青稳定碎石、大粒径透水性沥青稳定碎石或沥青贯入式。

二、路面的类型

(一) 柔性路面

在柔性基层上铺筑沥青面层或用具有较强塑性能力的细粒土稳定集料的路面结构称为柔性路面。柔性路面的强度和刚度较小，在行车荷载作用下容易变形。土基的强度、刚度及稳定性对路面结构的整体质量有较大影响。荷载通过各种结构层传递到土基，土基受到较大单位的压力。

(二) 刚性路面

刚性路面主要指用水泥混凝土作为面层或基层的路面结构。刚性路面比柔性路面的强度和刚度高，具有较强的抗弯拉性。在刚性路面中，水泥混凝土一般处于板体工作状态，依靠水泥混凝土板的抗弯拉强度承受车辆荷载作用。通过水泥混凝土的扩散作用，传递到基础上的单位压力较小。

(三) 半刚性路面

铺筑在半刚性基层上的沥青路面称为半刚性路面。半刚性路面介于柔性路面和刚性路面之间，前期具有柔性路面的力学性质，后期的强度和刚度均有增长，但比刚性路面的强度和刚度弱。半刚性路面的材料主要包括炉渣、水泥土、石灰土、稳定粒料等。

(四) 复合式基层路面

上部使用柔性基层，下部使用半刚性基层的基层称为复合式基层，它是受力特点处于半刚性基层和柔性基层中间的一种结构，可以提高柔性路面的承载能力，在加铺沥青面层之后被称为复合式路面。

半刚性基层的整体性好，但易形成温度裂缝和干缩裂缝，并经反射造成沥青面层开裂，水渗入后在行车荷载的作用下出现唧浆现象，进而形成公路路面的早期损坏。将半刚性基层用作下基层，上覆以柔性基层，成为复合式结构，该结构不仅可以提高基层承载力，也可以扩散半刚性基层裂缝产生的水平应力，进而截断反射裂缝向上传递的途径。同时，柔性基层多采用级配碎砾石结构，具有一定的排水功能。进一步完善基层边缘排水设计，应能起到预防路面早期破坏的效果。重交通量和多雨潮湿地区目前已开始复合式基层路面的研究和实践。

三、路面的基本要求

（一）足够的强度

行驶在路面上的车辆，通过车轮将水平力和垂直力传给路面。另外，路面还受到车辆冲击力、震动力以及车身后真空吸力的作用。受上述外力的作用，路面结构内会产生多种应力作用。路面结构的强度不足，路面就会出现磨损、开裂、沉陷、波浪等病害，进而造成路面大面积破坏，导致中断交通。因此，路面应具有足够强度，以抵抗行车荷载作用。

（二）足够的刚度

刚度是指路面结构整体或某一部分抵抗变形的能力。刚度与强度既有联系，又有区别。即使路面的强度足够，但其刚度不足时，路面也会发生变形。设计人员在设计路面时，应保持路面足够的刚度，分析荷载和变形关系，让路面整体结构及其组成部分的变形量在容许范围内。石灰、水泥稳定类等材料的刚度过大时，容易产生裂缝。因此，施工时应考虑路面材料的组成比例。

（三）足够的稳定性

路面结构袒露在自然环境之中，经受水和温度等影响，使其力学性能和技术品质发生变化，路面稳定性包括以下内容。

1.高温稳定性

在夏季高温条件下，沥青材料如没有足够的抗高温能力，其就会发生泛油、面层软化，在车辆荷载的作用下产生车辙、波浪和推挤，水泥路面则可能发生拱胀开裂。

2. 低温抗裂性

冬季低温条件下，路面材料如没有足够的抗低温能力，会出现收缩、脆化或开裂，水泥路面也会出现收缩裂缝，气温骤变时出现翘曲而破坏。

3. 水温稳定性

雨季路面结构应有一定的防水、抗水或排水能力，否则在水的浸泡作用下，强度会下降甚至出现剥离、松散、坑槽等破坏。

（四）良好的平整度

路面应具备良好的平整度，以减少行车振动作用的冲击力，保证行车速度，提高行车的安全性和舒适性。道路等级越高，对路面的平整度要求越高。不平整的路面会使车辆产生附加振动作用，导致行车颠簸，造成车辆磨损，增大油量消耗。这种振动作用会对路面施加冲击力，加剧路面损坏。另外，不平整的路面还会积滞雨水，加剧路面破坏。路面的平整度与路面的强度和刚度有关，强度和刚度较弱的路面，不能承受车辆荷载的反复作用，容易出现磨损、开裂、推挤、沉陷等病害，破坏路面平整性。

（五）良好的抗滑性

路面应具有良好的抗滑性。如果路面光滑，车轮与路面之间的附着力就会减小，容易出现打滑、空转现象，增加油耗量，降低行车速度和安全性。在雨雪天气高速行车、紧急制动或突然启动时，车轮极易出现打滑或空转，严重时会引起交通事故。路面上的行车速度越高，对路面的抗滑性要求越高。

（六）良好的耐久性

阳光的暴晒、水分的浸入和空气氧化都会对路面结构和材料产生作用，尤其是沥青材料会出现老化，并失去原有技术品质，导致路面开裂、脱落，甚至大面积松散破坏。因此，在修筑路面时，应选择耐久性较好的路用材料，延长路面使用寿命。

四、路面施工的方法

(一) 人工路拌法

20世纪80年代以前，我国路面施工主要采取人工路拌法。人工摊土（石料）、人工拌和、简易机械压实，基层施工主要有人工翻拌法、人工筛拌法等，沥青面层施工主要有沥青灌入式和人工冷拌沥青混合料、使用炒盘人工拌和沥青混合料等。其主要特点：用工数量大，劳动强度大，工作效率低，工程质量受人为因素影响大，且质量不稳定，安全生产和防护措施比较严格，安全生产难度大。

(二) 机械路拌法

20世纪80年代以后，路面基层施工开始以机械路拌法为主，其操作是以人工或机械分层摊铺各种路用材料，然后用路拌机械拌和整形后碾压成形，这也是目前路面底基层和二级以下公路路面基层常用的施工方法。其主要特点：用人工数量大大减少，混合料拌和质量较好，但如不严控拌和深度，易出现素土夹层。对于高速公路和一级公路，除直接和土基相邻的路面底基层外，不宜采用机械路拌法施工，而应采取厂拌机铺法施工。

(三) 厂拌机铺法

随着高速公路的快速发展，无机结合料稳定粒料路面基层得到了广泛应用，这种结构多使用厂拌机铺法。此外，沥青碎石和沥青混凝土路面的施工，水泥混凝土路面的施工，也采用厂拌机铺法，即用专门的厂拌机械拌制混合料，用专门的摊铺机械摊铺路面的施工方法。其主要特点：机械化程度高，混合料配比准确，厚度控制、高程控制比较直观，但需要大量的自卸运输车辆。

第三节　公路附属工程施工

一、路缘石施工

(一) 施工材料

1. 水泥

水泥应选用强度等级不低于42.5级的硅酸盐水泥、矿渣水泥，并应有出厂合格证。散装水泥及袋装水泥出厂日期不明或已超过3个月，应经复验合格后方能使用。已受潮或结块的水泥不得使用。

散装水泥应按牌号、批号分仓储存；袋装水泥应按牌号、批号架高堆存离地至少30cm，并铺盖，以免混杂和受潮。使用时按出厂日期择先使用。如掺用外加剂，应经试验合格后方能使用。

2. 沙 (细集料)

细集料应清洁、坚硬，不得含有团块、片状颗粒，土及云母等有害物质，含量不超过总干重的5%；必要时应过筛清洗。

粗沙平均粒径不得小于0.5mm；中沙平均粒径应为0.35～0.5mm。

3. 石料 (粗集料)

石料中不得含有煤、煤渣、石灰、碎砖或其他杂物；当料堆中的粗颗粒呈分离状态时，必须重新混合以符合要求的级配；粗集料最大尺寸不得超过25mm，最好不大于20mm。

4. 拌和水

拌和水时一般可饮用的水均可使用。如使用其他水，pH应大于4，硫酸盐含量不大于1%。

(二) 施工工艺

1. 测量放线

柔性路面侧、缘石应在路面基层完成后，未铺筑沥青面层前施工；水泥混凝土路面，应在路面完成后施工。

侧、缘石可以在铺筑路面基层后，沿路面边线刨槽、打基础安装；也可在修建路面基层时，在基础部位加宽路面基层作为基础；也可利用路面基层施工中基层两侧自然宽出的多余部分作为基础，基础厚度及标高应符合设计要求。

路面中线校核后，在路面边缘与侧石交界处放出侧缘石线，直线部位10m 一个桩；曲线部位 5～10m 一个桩；路口及分隔带、安全岛等圆弧处 1～5m 一个桩，也可用皮尺画圆并在桩上标明侧、缘石顶面标高。

2. 刨槽与处理

人工刨槽：按桩的位置拉小线或打白灰线，以线为准，按要求宽度向外刨槽，一般为一平铁宽（约 30cm）。靠近路面一侧，比线位宽出少许（水泥混凝土路面刨至路面边缘），一般不大于 5cm，不要太宽以免回填夯实不好，造成路边塌陷。刨槽深度可比设计加深 1～2cm，以保证基础厚度，槽底要修理平整。

机械刨槽：使用侧、缘石刨槽机，刀具宽度应较侧、缘石宽出 1～2cm，按线准确开槽，深度可比设计加深 1～2cm，以保证基础厚度，槽底应修理平整。

如在路面基层加宽部分安装侧、缘石，则将基层平整即可，免去刨槽工序。铺筑石灰土基层侧、缘石下石灰土基础通常在修建路面基层加宽基层时一起完成。

如不能一起完成而需另外刨槽修筑石灰土基础的，必须用 3：7(体积比)的石灰土铺筑夯实，厚度至少 15cm，压实度要求不大于或等于 95%（轻型击实）。

3. 侧石的选用和施工

侧石在直线段中采用长 80～100cm；曲线半径大于 15m 时采用长度为100cm 或 60cm 的侧石；曲率半径小于 15m 或圆角部分，可视半径大小采用长度为 60cm 或 30cm 的侧石。

侧石施工应根据施工图确定的平面位置和顶面标高所放出的样线执行，但对于人行道斜坡处的侧石，一般放低至比平石高出 2～3cm，两端接头（与正常侧石衔接处）则应做成斜坡连接。

4. 安装侧缘石

安装侧石前应按侧石顶面宽度误差的分类分段铺砌，以达到美观的效果。安装时先拌制 1∶3（体积比）石灰砂浆铺底，砂浆厚度 1~2cm，缘石可不用石灰砂浆铺底，可用松散过筛的石灰土代替找平基础。

按桩橛线及侧、缘石顶面测量标高拉线绷紧（水泥混凝土路面侧石，可靠板边安装，必要处适当调整），按线码砌侧缘石。需事先算好路口间的侧石块数，切忌中间用断侧石加楔。曲线处侧、缘石应注意，外形圆滑的相邻侧石间缝隙用 0.8cm 厚木条或塑料条掌握。缘石不留缝，侧石铺砌长度不能用整数侧石除尽时，剩余部分可用调整缝宽的办法解决，但缝宽应不大于 1cm。不得已必须断侧石时，应将断头磨平。

侧石要安正，切忌前倾后仰，侧石顶线应顺直圆滑平顺，无凹进凸出、前后高低错牙现象。缘石线要求顺直圆滑、顶面平整，符合标高要求。

5. 回填石灰土

（1）侧石

在侧石安装前要按照侧石宽度误差的分类分段砌筑，使顶面宽度统一美观。安装后，按线调整顺直圆滑，侧石里侧用长木板大铁橛背紧，外侧后背用体积比为 2∶8 的石灰土，也可以利用修建路面基层时剩余的石灰土，回填夯实里侧缝用体积比为 2∶8 的石灰土夯填。

侧、缘石两侧同时分层回填，在回填夯实过程中，要不断调整侧、缘石线，使之达到顺直圆滑和平整的要求。夯实后拆除两面铁橛及木板。夯实灰土，外侧宽度不小于 30cm，里侧与路面基层接上。

可采用小型夯实机具夯实，每层厚度不大于 15cm。若侧石里侧缝隙太小，可用铺底砂浆填实。如果侧石埋入路面基层太浅，夯填后背时易使侧石倾斜，此时靠路一侧可用体积比为 1∶3 的石灰炉渣，加水拌和拍实成三角形，使侧石临时稳固。设计采用混凝土后，要按照设计要求的强度等级、现场浇筑捣实，要求表面平整。

（2）平缘石

在平缘石安装后，人工刨槽的槽外一侧沟槽用体积比为 2∶8 的石灰土分层填实，宽度大于等于 30cm，层厚不超过 15cm，也可利用路面基层剩余的路拌石灰土填实。外侧经夯实后与路缘石顶面齐平，内侧用上述同样材料分层夯实，夯实后要比缘石顶面低一个路面层厚度，待油面铺筑后与缘石顶面齐平。

可以使用洋镐头、铁扁夯等工具进行夯实作业。灰土含水量不足时，要加水夯实。在夯实两侧石灰土过程中，要不断调整缘石线形，保证顺直圆滑。机械刨槽时，两侧用过筛体积比为2∶8的石灰土夯实或石灰土灌浆填密实。

6. 勾缝

路面完工后，安排侧石勾缝。勾缝前必须进行挂线，调整侧石至顺直、圆滑、平整，方可进行勾缝。先把侧石缝内的土及杂物剔除干净，并用水润湿，然后用体积比为1∶2.5的水泥砂浆灌缝填实勾平，用弯面压子压成凹形，并不得在路面上拌制砂浆。砂浆初凝后，用软扫帚扫除多余灰浆，并应适当泼水养护，养护时间不少于3d，最后达到整齐美观。

二、人行道施工

(一) 基槽施工

按设计图样实地测高程桩与放线，人行道直线段，一般10m一桩，曲线段适当加密，并在桩上标出面层设计标高，或放在建筑物上画线表明设计标高。若人行道外侧已按标高安装站石，则以站石顶面标高为准，按设计横坡放样。

新建道路，可将土路床施工至人行道基槽标高，不必反开挖；路垫开挖接近基槽标高时，适当停留厚度，找平碾压达到设计压实度后再进行检查平整。草地软土应换填或用石灰稳定处理。开挖基槽前要对地下管网进行全面检查，并采取相应的保护措施。雨、冬期施工，必须做好相应的排水、防冻措施。

(二) 基层施工

人行道基层有石灰土基层、石灰水泥稳定石屑基层、水泥稳定碎石基层、素混凝土基层等。

沥青混凝土面层人行道一般采用石灰水泥稳定石屑、水泥稳定碎石等半刚性基层材料，以减少反射裂缝；水泥混凝土人行道多采用石灰土基层、石灰水泥稳定石屑、水泥稳定碎石等基层材料；建筑材料贴面的人行道一般采用素混凝土基层。

(三) 面层施工

1. 沥青混凝土面层施工

(1) 铺筑面层

检查到达工地的沥青混凝土种类、温度及拌和质量等，冬季运输沥青混凝土必须注意保温。人工摊铺时要计算用量，分段卸料，卸料要卸在钢板上，松铺系数为 1.2 ~ 1.3。上料时要注意扣铣操作，摊铺时不要踩在新铺混合料上，注意轻拉慢推，搂平时注意粗细均匀，不使大料集中。

(2) 碾压

用平碾纵向错半轴碾压，随时用 3m 直尺检查平整度，不平处及粗麻处要及时修整或筛补，趁热压实。碾压不到处要用热夯或热烙铁拍平，或用振动夯板夯实。

(3) 接槎

采用立槎涂油热料温边方法。低温施工应适当采取喷油措施，并铺热沙措施，以保护人行道面层，防止掉渣。要求表面坚实，无松散、裂纹、掉渣、积水、粗细料集中等，接槎紧密平顺，与其他构筑物应接顺。

2. 现浇水泥混凝土面层施工

(1) 摊铺面层

现浇水泥混凝土人行道面层铺筑厚度应不小于 10cm。水泥混凝土拌合物应摊铺均匀。布料的松铺系数为 1.10 ~ 1.25。摊铺后表面应大致平整，不得有明显的凹陷。块混凝土板应一次连续摊铺完毕。

(2) 振捣

当混凝土摊铺长度大于 10m 时，可以开始使用平板振捣器进行振捣作业，振动时间不宜少于 30s，应重叠 10 ~ 20cm，振捣器行进速度应均匀一致。振捣速度宜匀速缓慢，振捣应连续不间断地进行，其作业速度以水泥混凝土拌合物表面不露粗集料，泛出水泥浆为准。

(3) 收面

透水水泥混凝土振捣后，宜使用抹平机对水泥混凝土面层进行收面，收面时必须保持模板顶面整洁，接缝处板面平整。抹面不宜少于 4 次，先找平抹平，待混凝土表面无泌水时再抹面，并依据水泥品种与气温来控制抹面间隔时间。

（4）切缝

根据环境温度在泥混凝土面层成活后 250℃/h，按设计要求间距采用切缝法施工横向缩缝。缩缝应垂直板面，宽度宜为 4～6mm。设传力杆时，不应小于面层厚的 1/3。切缝完成后，立即用高压水枪将残余砂浆冲洗干净。待缩缝干燥后，按设计要求进行填缝处理。

3. 路面砖铺砌面层施工

（1）复测标高

按照设计图纸复核放线，用测量仪器打方格，并以对角线检验方正，然后在桩橛上标注该点面层设计标高。

（2）水泥砖装卸

预制块方砖的规格为 200×200×180（单位：mm），装运花砖时要注意强度和外观质量，要求颜色一致、无裂缝、不缺棱角。要轻装轻卸以免损坏。卸车前应先确定卸车地点和数量，尽量减少小搬运。砖间缝隙为 2mm，用经纬仪和钢尺测量放线，打方格时要把缝宽计算在内。

（3）拌制砂浆

采用 1∶3 石灰砂浆或 1∶3 水泥砂浆，石灰粗沙要过筛，配合比要准确，砂浆的和易性要好。

（4）修整基层

挂线或用测量仪器检查基层竣工高程，对小于等于 2m² 的凹凸不平处，当低处小于等于 1cm 时，可填实，可填 1∶3 石灰砂浆或 1∶3 水泥砂浆；当低处大于 1cm 时，将基层刨 5cm，用基层的同种混合料填平拍实，填补前应把坑槽修理平整干净，表面适当湿润，高处应铲平，但当铲后厚度低于设计厚度的 90% 时，应进行反修。

（5）铺筑砂浆

在清理干净的基层上洒一遍水使之湿润，然后铺筑砂浆，厚度为 2cm，用刮板找平。铺砂浆应随砌砖同时进行。

（6）铺砌水泥砖

铺砖时，按控制桩高程，在方格内由第一行砖纵横挂线，根据标线按标准缝宽铺筑第一行样砖，然后纵线不动，横线平移，依次按照样砖铺砌。

铺步砖缝的直线要通，曲线要顺。扇形平面上铺步砖，要用电锯切割异形步砖与之相配，也可按直线顺延铺筑，然后用与预制步砖颜色相同的水泥砂浆补齐并刻缝。

砌筑时，步砖要轻拿轻放，用木槌或橡胶锤轻捶击实砌稳，如砌不平，应将步砖拿起，用砂调整重新铺筑，不准在砖底塞灰或用硬料支垫，必须使步砖平铺在密实的砂浆上并稳定无动摇、无空隙。

（7）灌缝

灌缝一般采用 1：3 水泥细沙干浆，先在步砖表面均匀撒铺一层砂浆，然后用扫帚或板刷将砂浆扫入缝中，然后可用小型振动碾压机振实或浇水灌实。灌缝要反复进行几道，直到缝隙饱满为止。施工完毕后，面上的砂浆要清扫干净，用扫帚扫出步砖本色。

灌缝完毕后应及时洒水养护，在铺砌过程中，质检员应跟踪检查，发现不符合检验规范要求的部位，及时督促修整。

4. 其他形式的人行道面层施工

（1）彩色板（砖）和触感板（砖）人行道的施工

彩色人行道方砖要采用刚性或半刚性基层及干拌水泥砂浆黏结层。基层和黏结层的材料、厚度、强度应符合设计要求。基层的施工可按照规程的有关规定执行。

彩色道板（砖）在铺砌之前要浇水湿润。将彩色道板（砖）按照定位线逐块坐实于黏结层上，使其结成整体。相邻板块贴紧，表面平整，线形顺直，铺砌后应浇水湿润养生。艺术花样和触感板的导向、停步块材铺砌时，要按照设计图形进行施工。

（2）水泥混凝土连锁砌块铺装

由于连锁砌块条块狭小，因而平整度的要求更高，块与块的连接必须连锁紧密、齐平，不得有错落现象。铺砌不留缝，垫层用粗沙，使用专用的振平板振实，灌缝用细沙，其余操作均同铺水泥砖。完工后需要表面平整光洁、图案排列整齐、颜色一致，无麻面或者掉面、缺边现象，纵横坡度要符合设计要求。

（3）曲线段人行道板（砖）的施工

曲线段人行道的道面铺砌，可采用直铺法或扇形铺法进行铺砌，其中彩色人行道板（砖）应采用直铺法进行施工。铺板（砖）后所形成的楔形空缺和边、角空缺可采用同标号水泥混合料就地浇筑，彩色人行道板（砖）应按所需形状切割后拼砌，与预制道板（砖）面平，并进行养护。

（四）特殊部位的施工

1. 各种井的周边施工

按设计标高、纵坡、横坡，调整井圈高程；对已破坏或跳动的井盖、井圈进行更换；检查井周围，不得使用锯割的步砖嵌砌，步砖与井周空缺应及时用细石混凝土填补好；建筑材料贴面可使用切割后材料与检查井接顺。

2. 树穴施工

按设计要求间隔和尺寸留出树穴；树穴与路缘石或站石要方正衔接；树穴边缘按设计要求用水泥混凝土预制件、水泥混凝土缘石或大理石等围成，尺寸、高程按设计要求确定；人行横道线、公共汽车站处不设树穴。

3. 无路缘石部位施工

对人行道、广场等无路缘石人行道边缘，应采用混凝土止挡法或步砖砂浆黏结法固定。

4. 与建筑场衔接处施工

人行道面层高于建筑物地面时，应调整人行道横坡接平，或将建筑通行范围降低接顺；当建筑物地面与人行道高差较大时，应设置踏步或挡土墙。

（五）人行道的保养与修理

1. 人行道保养

应经常保持人行道整洁，及时清除人行道上的尘土污泥和杂物；两侧建筑物的管道排水，不得浸流人行道上；禁止机动车辆在人行道上行驶或停放；经常保持块料铺装人行道块体的稳定，发现松动及时补充嵌缝材料，填充稳固；若垫层不平引起人行道砌块松动，应将砌块挖出，整修垫层重新铺筑；应保养好整体铺装人行道的伸缩缝和施工缝及人行道同检查井口的接缝，发现损坏应及时修补；侧石及平石的接缝要定期清缝及勾缝；对损坏及歪斜的侧石及平石，应及时调整或更换；因树根挤坏人行道及侧石而影响行人及排水时，应同有关部门联系解决。

2. 人行道修理

人行道的修理，应针对破损原因（如排水不良、路面树根部的发育、集中堆放重型物资或机动车辆驶入等）采取相应措施进行修补。

修复时应符合下列规定：处理部分要比损坏边缘扩大 10cm 以上，开挖前应清理尘土、杂物；要按照修理时画出的轮廓开挖，边缘应垂直整齐。如果修理砌块面层，则应按砌块接缝线前 10cm 进行画线开挖；人行道路面损坏需要修整并更换侧石和平石，必须在更换侧石和平石后再修整路面；结构组合应按原人行道结构恢复，回填土及基层压实度应符合规定要求；修理部分要将四周边缘结合至密实平整，检查井的周围要细致地修复，黑色混合料铺筑的人行道结构，槽壁要涂黏结剂浇沥青，水泥混凝土人行道按原规格、原花纹恢复；新开人行道根据道路口宽度、侧石设置、转弯半径等采用不同形式，并要考虑行人行走方便。

三、护栏工程施工

（一）立柱位置放样

立柱放样应以道路固定设施，如桥梁、通道、涵洞、隧道、中央分隔带开口、紧急电话开门、路线交叉等为主要控制点（控制立柱的位置）。应在两控制点之间量距，如出现零头数，可通过合适的调整段调整。立柱间距可能有不大于 25cm 的间距零头数，可通过分配法将其调整至多根立柱间距中。为准确放样和保证护栏的线形，在条件允许时可使用全站仪、经纬仪、水准仪等测量仪器。放样后，应确认立柱施工不会造成对地下设施的损坏，否则应调整立柱的位置。

（二）立柱安装

立柱安装应与设计文件相符，并与公路线形相协调。位于土基中的立柱，可采用打入法、挖埋法或钻孔法施工。立柱标高应符合设计要求，不得损坏立柱端部。采用打入法打入过深时，不得将立柱部分拔出加以矫正，必须将其全部拔出，将基础压实后再重新打入。

采用挖埋法施工时，回填土应采用良好的材料并分层夯实，回填土的压实度不应小于设计规定值。填石路基中的柱坑，应用粒料回填并夯实。采用钻孔法施工时，立柱定位后应用与路基相同的材料回填，并分层夯填密实。

在铺有路面的路段设置立柱时，柱坑从路基至面层以下 5cm 处应采用与路基相同的材料回填并分层夯实，余下部分应采用与路面相同的材料回填并压实；位于石方区的立柱，应根据设计文件的要求设置混凝土基础；位于小桥、通道、明涵等混凝土基础中的立柱，可设置在预埋的套筒内，通过灌注砂浆或混凝土固定，或通过地脚螺栓与桥梁护轮带基础相连。立柱安装就位后，其水平方向和竖直方向应形成平顺的线形。护栏渐变段及端部的立柱，应按设计规定的立柱进行安装。

(三) 波形梁安装

波形梁通过拼接螺栓相互拼接，并由连接螺栓固定于立柱或横梁上。波形梁的搭接方向是安装的关键，搭接方向应与行车方向一致。如果搭接方向与行车方向相反，即使是轻微擦碰，也会造成较大的损失。波形梁在安装过程中要不断进行调整，不应过早拧紧其连接螺栓和拼接螺栓，否则将无法发挥板上长圆孔的调节作用。

(四) 防阻块及端头的安装

防阻块能防止立柱阻绊车轮，避免护栏局部受力、减小碰撞时车辆的冲击。托架适用于路肩较窄或护栏设置防阻块受限的情况。在安装时，应保证使其准确就位。在调整好立柱后，即可安装防阻块，最后安装波形梁板并进行统一调整。防撞等级为 SA、SAm 和 SS 的波形梁护栏在安装防阻块时，应根据设计文件要求，同时安装上层立柱。

设有横隔梁的护栏，把梁与横隔梁连为一体成为组合型护栏。横隔梁应平行于路面 (垂直于立柱) 安装。在安装波形梁板之前不应拧紧横隔梁与立柱的连接螺栓，否则不易进行总体调节。

中央分隔带护栏的端头梁与两侧梁相连，端头附近的立柱应按设计文件的要求进行加强处理。路侧护栏的端部结构由端柱、端头梁、混凝土基础等组成。在端部基础混凝土达到设计强度的 70% 后，方可安装端部结构。如因土基压实度不足等原因需要对端部结构进一步加强时，经论证，可根据设计文件的要求在端头梁附近设置钢丝绳锚固件。

四、交通标志、标线的施工

(一) 交通标志

道路交通标志是用图形符号、颜色和文字向交通参与者传递特定信息，用于交通运行管理的设施。一般设在路旁或悬挂在道路上方，使交通参与者获得确切的道路交通信息，从而达到保障运行安全和高效的目的。交通标志应使交通参与者在很短的时间内就能看到、认识并完全明白它的含义，从而采取正确的措施。因此，交通标志必须具有较高的显示性、良好的易读性和广泛的公认性。

1. 交通标志三要素

不同颜色具有不同光学特性，从心理学角度讲，会产生不同的心理感受和联想形状。交通标志的视认性、显示性与标志形状有重要关系，面积相同时不同形状标志的易识别程度大小的顺序为：三角形、菱形、正方形、正五边形、圆形等。符号表达标志具体含义，应简单明了，易为公众所理解，力求易认直观。

2. 交通标志的分类

(1) 按功能划分

根据《道路交通标志和标线》，交通标志按功能可分为主标志和辅助标志两大类。

①主标志

警告标志：警告车辆、行人注意危险地点的标志。

禁令标志：禁止或限制车辆、行人交通行为的标志。

指示标志：指示车辆、行人行进的标志。

指路标志：传递道路方向、地点、距离信息的标志。

旅游区标志：提供旅游景点方向、距离的标志。

道路施工安全标志：通告道路施工区通行的标志。

②辅助标志

辅助标志指附设在主标志下，起辅助说明作用的标志。

（2）按支撑方式分

柱式标志：以立柱支持在路侧、交通岛或中央分隔带等处。

单柱式：标志牌安装在一根立柱上。

双柱式：标志牌安装在两根立柱上。

悬臂式标志：标志牌安装在悬臂支架结构上方。

门架式标志：标志牌安装在门式支架结构上方。

附着式标志：标志牌安装在上跨桥和附近构造物上。

（3）按反光方式分

不反光标志：无定向反射功能的一般油漆标志、搪瓷标志等。

反光标志：标志面采用反光材料制作的标志。

照明标志：利用照明设备使标志面发亮的标志。

内部照明标志：标志板内装照明装置，采用半透明材料制作标志面板，有单面显示和两面显示两种。

外部照明标志：外部光源照明标志板面的方式。

自发光标志：白天吸收太阳光，晚上发亮的标志。

（二）交通标线

路面标线是标画于路面上的各种线条、箭头、文字、立面标记、突起路标和路边轮廓标等所组成的交通安全设施。它的作用是确保车流分道行驶，导流交通行驶方向，加强车辆行驶纪律和秩序，增加公路通行能力，更好地组织交通，引导用路者视线，管制用路者驾驶行为的重要手段，可以有效地指引车辆在汇合或分流前进入合适的车道。

道路交通标线按设置方式可分为以下三类。纵向标线：沿道路行车方向设置的标线。横向标线：与道路行车方向成角度设置的标线。其他标线：字符标记或其他形式标线。

道路交通标线按功能可分为以下三类。指示标线：指示车行道、行车方向、路面边缘、人行道等设施的标线。禁止标线：告示道路交通的遵行、禁止、限制等特殊规定，车辆驾驶员及行人需严格遵守的标线。警告标线：促使车辆驾驶员及行人了解道路上的特殊情况，提高警觉，准备防范应变措施的标线。

道路交通标线按功能可分为四类。线条：标画于路面、缘石或立面上的实线或虚线。字符标记：标画于路面上的文字、数字及各种图形符号。突起路标：安装于路面上用于标示车道分界、边缘、分合流、弯道、危险路段、路宽变化、路面障碍物的反光或不反光体。路边线轮廓标：安装于道路两侧，用于指示道路的方向、车行道边界轮廓的反光柱（或片）。

五、中间带

（一）中间带概述

1. 中间带的作用

公路中的高速公路、一级公路，城市道路中的双幅路和四幅路均应设置中间带。中间带由两条左侧路缘带和中央分隔带组成，其作用如下：

第一，将上、下行机动车流分开，既可防止因快车驶入对向行车道造成车祸，又能减少公路中心线附近的交通阻力，提高通行能力。

第二，作为设置交通标志牌及其他交通管理设施的场地。

第三，种植花草灌木绿化或设置防眩网，可防止对向车辆灯光炫目，还可起到美化环境的作用。

第四，设于分隔带两侧的路缘带，由于有一定宽度且颜色醒目，既引导驾驶员视线，又增加行车所必需的侧向余宽，从而提高行车的安全性和舒适性。

2. 中间带的组成

中间带由中央分隔带和路缘带组成。分隔带以路缘石线等设施分界，在构造上起到分隔往返交通的作用。在分隔带的两侧设置路缘带，既引导驾驶员的视线，促进行车安全，还能保证行车所必需的余宽，提高行车车道的使用效率。

3. 中间带的宽度

中间带宽度规定有一般值和最小值。正常情况下采用一般值，当遇有特殊情况时可采用最小值。中间带的宽度一般情况下应保持等宽，并不得频繁变更宽度。当中间带宽度因地形条件或其他特殊情况限制而减窄或增宽时，应设置过渡段。过渡段以设在回旋线范围内为宜，其长度与回旋线长度相等。宽度大于规定或大于4.5m的中间带的过渡段，以设置在半径较大的平曲线路段为宜。整体式断面分离为分离式断面后和分离式断面汇合为整体式断面前的一段距离内，当分离式断面两相邻路基边缘之间的中间距离小于中间带宽度时，应设置不同宽度的中间带。

4. 中间带开口

为了便于养护作业和某些车辆在必要时驶向对向车道，中间带应按一定距离设置开口。公路上开口一般情况下以每2km以上的间距设置为宜，太密将会造成交通的紊乱。城市道路开口（断口）最小间距大于300~400m，通常要考虑横向交通（车辆和行人）的需要。中间带的开口应设置在通视条件良好的路段，若在曲线上开口，其曲线半径宜大于700m。在互通式立体交叉、隧道、特大桥、服务区等设施的前后必须设置开口。

开口端部的形状，常用的有两种：半圆形和弹头形。对于窄的分隔带（M < 3.0m）可用半圆形，宽的（M ≥ 3.0m）可用弹头形。

（二）中间带的施工

1. 埋设横向塑料排水管

路基施工完成后即可进行施工。沟槽开挖：开挖的位置、深度、宽度应符合设计要求，沟槽应保持直线并与线路中线垂直，沟槽底部坡度与路面横坡一致。可采用开沟机或人工开挖。铺设垫层：采用粒径小的石料铺设，厚度保持均匀，并具有与路面相同的横坡。埋设塑料排水管：一端插入中央分隔带纵向盲沟范围内，另一端伸出路基边坡外进出口用土工布包裹，防止被碎石堵塞。塑料排水管采用套接时，管口要对齐并靠紧，用短套管套紧两根管，并在套管两端用不透水材料扎紧。

2. 中央分隔带开挖

路面基层施工完成后即可施工；先挖集水槽，再挖纵向盲沟；一般采用人工开挖；挖开的土不得堆在施工完成的基层上，防止污染基层；沟槽的深度、宽度及沟底纵坡应符合设计要求；沟底必须平整密实，不得有杂物。

3. 防水层施工

喷涂双层防渗沥青时，要求喷涂厚度均匀，无漏喷，喷涂范围为中央分隔带范围内的路基和路面结构层；采用 PVC 防水板时，防水板的两端应拉紧、无褶皱，防水板纵横向搭接，并用铁钉固定。

4. 纵向碎石盲沟

碎石盲沟要填充密实、表面平整，并在顶面设置反滤层；反滤层可以采用砂石材料或土工合成材料，目前，高等级公路中多采用土工布；土工布的铺设应平整、无折皱、无重叠，并且要避免过量拉伸而发生破坏；施工现场若发现土工布破损，应进行修补，并且必须能够达到原性能时方可使用；土工布采用平行搭接，搭接长度不小于30cm。

5. 缘石安装

缘石安装应在路面面层铺设前安装完成，可以现场浇筑或预制安装；采用预制安装时应铺设在不小于2cm厚的砂垫层上，砌筑的砂浆的水泥与沙的体积比应为1∶2；缘石的安装要稳固、线条直顺、曲线圆滑、顶面平整、缝宽均匀、勾缝密实；基底和后背填料必须夯打密实。

六、安全隔离设施施工

第一，材料表面处理检验。隔离设施的所有金属件原则上都应进行表面处理，一般应采用热浸镀锌处理。其他表面处理方法，如油漆、涂塑、紧固件的粉镀锌技术等，对其耐久性、经济性、美观及施工条件的全面分析并经认可后，也可采用。

第二，检查其柱孔深度、基底清理，坑底混凝土质量。放入立柱后，检查其垂直度、立柱的埋设，应分段进行。先埋两端，然后拉线埋放中间立柱。注意立柱纵向线形，柱顶的平整。

第三，有框架的隔离网宜在工厂集中制作。检查其外框架焊接，钢板网的切割及放入，钢板网的拉紧，与外框的焊接及除锈、去油污等工序。

第四，立柱要保证安装牢固和垂直度的要求，基础不得有松动，立柱纵向应在一条线上，不得出现参差不齐的现象。柱顶应平顺，不得出现高低不平的情况。立柱基础强度达到设计强度的 70% 后方可安装隔离栅网片。

第五，编织网隔离栅最好纵向连续铺设，边铺边拉紧，并尽可能在立柱挂钩上扣牢。编织网要求卷网自如，弯勾时保证不变形。隔离栅安装完毕后，纵向高程不应有很大的起伏变化，网面要平整，在任何方向均不得有明显的倾斜。各类隔离栅网片安装完毕后，立柱基础均应进行压实处理。

第六，刺钢丝安装时要求从端头立柱开始。刺钢丝之间要求平行、平直；绷紧后用 11 号钢丝与立柱上铁钩绑扎固定，横向与斜向刺钢丝相交处用 11 号钢丝绑扎。

第七，钢板网安装要求网面平整，无明显凹凸现象，框架与立柱应连接牢固，整体连接平顺。

七、路肩施工

(一) 路肩的作用及宽度

各级公路都要设置路肩。路肩的作用主要有以下方面：由于路肩紧靠在路面的两侧设置，具有保护及支撑路面结构的作用；供发生故障的车辆临时停放之用，有利于防止交通事故和避免交通紊乱；作为侧向余宽的一部分，能增进驾驶的安全和舒适感，对保证设计车速是必要的，尤其在挖方路段，还可以增加弯道视距，减少行车事故；提供道路养护作业、埋设地下管线的场地，对未设人行道的道路，可供行人及非机动车等使用；精心养护的路肩，能增加公路整体的美观度。

根据路肩功能，从构造上又可分为硬路肩、土路肩。硬路肩是指进行了铺装的路肩，它可以承受汽车荷载的作用力，在混合交通的公路上便于非机动车、行人通行。在填方路段，为使路肩能汇集路面积水，在路肩边缘应设置缘石。土路肩是指不加铺装的土质路肩，它起保护硬路肩、路面和路基的作用，并提供侧向余宽。高速公路、一级公路应采用分离式断面。宽度大于 4.5m 的中间带，行车道左侧也应设硬路肩。高速公路、一级公路的平原微丘区，有条件时硬路肩宽度宜大于 2.50m。

城市道路采取边沟排水时，与公路一样，应在路面外侧设置路肩，同样分硬路肩和保护性路肩。城市道路的设计速度大于或等于 40km/h 时，应设置硬路肩。保护性路肩一般为土质或简易铺装，其作用是为城市道路的某些交通设施，如护栏、杆栏、电线杆、交通标志牌等的设置提供场地，最小宽度为0.5m。双幅路或四幅路中间具有排水沟的断面，还应设置左侧路肩。各级公路和城市道路的路肩宽度根据条件可采用0.75~4.0m，最窄不得小于0.50m。

（二）路肩施工

路肩石可以在铺筑路面基层后，沿路面边线刨槽、打基础安装；也可以在修建路面基层时，在基础部位加宽路面基层作为基础；也可以利用路面基层施工中基层两侧宽出的多余部分作为基础，厚度及标高应符合设计要求。

路面中线校正后，在路面边缘与侧石交界处放出路肩石线，直线部位10m桩，曲线部位5~1m桩，路口及分隔带等圆弧1~5m桩。也可以用皮尺画圆并在桩上标明路肩石顶面高程。

刨槽施工时，按要求宽度向外刨槽，一般为30cm，靠近路面一侧比线位宽出少许，一般不大于5cm，太宽容易造成回填夯实不好及路边塌陷。为保证基础厚度，刨槽深度可比设计加深1~2cm，槽底应修理平整。若在路面基层加宽处安装路肩石，则将基层平整即可，免去刨槽工序。

八、雨水口施工

雨水口施工步骤主要有以下几点：根据设计图样，放出雨水口井位，打定位桩，并标定高程；按照定位线开挖基槽，井周每侧留出30cm的余量，控制设计标高，清理槽底，进行夯实；浇筑底板，底板按设计图施工养护达到一定强度时再砌筑井体；砌筑井体前要按墙身位置挂线，先在底板上铺上一层砂浆后，再开始砌筑墙身，要保证墙身垂直，井底应采用水泥砂浆抹出雨水口泛水坡。

墙身砌筑到一定高度时，将内墙用砂浆抹面，随砌随抹，抹面要光滑平整、不起鼓不开裂；井外用水泥砂浆搓缝，使外墙严密；墙身每砌起30cm应及时回填外槽，一般采用碎砖灌水泥砂浆回填，也可用C10水泥混凝土回填，回填必须密实，防止井周路面产生局部沉陷。

砌至支管顶时，应将井内管头与井壁口相平，将管口与井壁用水泥砂浆勾抹严密，雨水管端面应露出井壁，其露出长度不应大于2cm。雨水管穿井墙处，管顶应砌砖券；墙身砌至设计标高时，用水泥砂浆坐底安装井框、井箅，安装必须平稳、牢固；立式雨水口在墙身设计标高时，安装立式井箅，并将井身上口加盖盖板；雨水口井身砌筑完毕后，应及时将井内碎砖、砂浆等杂物清理干净，井口临时覆盖。

第三章 市政桥梁工程施工

第一节 桥梁墩台施工

一、桥墩

(一) 桥墩的分类

按构造特征分为：重力式 (实心) 桥墩、薄壁空心桥墩、多柱式柔性桥墩、V 形桥墩等。

按变形能力分为：刚性桥墩、柔性桥墩。

按截面形状分为：矩形墩、圆形墩、圆端形墩、尖端形墩、组合截面墩。

(二) 重力式桥墩

重力式桥墩依靠自身的重量和桥面传来的永久荷载抵抗水平荷载，通常截面尺寸较大。重力式桥墩在水平荷载作用下，桥墩内将产生弯矩，最大弯矩在墩底截面。

在此弯矩作用下，横截面内将产生弯曲正应力，一部分截面受拉，一部分截面受压；桥墩在自重和桥跨传来的竖向永久荷载作用下，横截面内产生压应力；此压应力完全抵消弯曲拉应力，因而最终横截面上没有拉应力。

重力式桥墩多采用简单的流线型截面形状，如圆端墩、尖端墩、圆角形墩等，以便桥下水流顺畅绕过桥墩，减少阻水及墩旁冲刷。因重力式桥墩横截面内没有拉应力，一般采用抗拉强度很低的砖石材料或混凝土材料。

（三）空心桥墩

1. 部分镂空实体桥墩

部分镂空实体桥墩仍保持了重力式桥墩的基本特点，如较大的轮廓、较大的圬工量、较少的钢筋量等。镂空是在截面强度和刚度足以承担外荷载的条件下减少圬工量，使桥墩结构更经济。

但镂空部位受到一定的条件限制，如在墩帽下一定高度范围内，为保证上部结构的荷载能安全有效地传递给墩身镂空部分的墩壁，应设置一定的实体过渡段。在镂空部分与实体部分连接处，应设置倒角或配置构造钢筋，以避免在墩身的传力路径中产生局部应力集中。对于易遭漂浮物撞击或易磨损、需防冰害的墩身部分，一般不宜镂空。

2. 薄壁空心桥墩

针对重力式桥墩建筑材料用量多，力学性能利用低的情况，空心薄壁桥墩应运而生。一般高度的空心墩比实体墩省工 20%～30%，钢筋混凝土空心墩则可省工 50% 左右。

当墩高小于 50m 时，混凝土空心墩的壁厚一般要求不小于 30cm。有资料表明，跨度在 12～26m 的多跨连续梁桥，桥墩壁厚可做成 40～80cm，造价比一般桥墩节约 20% 以上。如南京长江大桥，墩位水深 40m 有余，江面通航万吨轮船，墩身高超过了上海 24 层的国际饭店，墩底面积相当于一个篮球场，这样一个庞然大物就是空心的。

空心桥墩的截面形式有圆形、圆端形、长方形等。沿墩高一般采用可滑模施工的变截面，即斜坡式立面布置，墩顶和墩底部分，可设实心段，以便设置支座与传递荷载。

（四）柔性桥墩

柔性桥墩是指在墩帽上设置活动支座，桥梁热胀冷缩时产生的水平推力以及刹车制动力，通过桥梁对桥墩的水平力，都因活动支座而使桥墩免予承受这些压力。

柔性桥墩墩身比刚性桥墩细，柔性桥墩对水平力是柔的而不是刚的。柔性桥墩造型纤细，为了承受竖向荷载，墩身要加入一些粗钢筋和采用高强度材料。柔性桥墩也可以做成空心、薄壁的。高达 146m 的空心薄壁预应力钢筋混凝土柔性桥墩，壁厚仅 35～55cm，比实体墩节省材料 70%，它就是奥地利的欧罗巴公路大桥二号桥墩，建于山谷之中，采用了矩形截面形式。

二、桥台

(一) 重力式桥台

重力式桥台主要靠自重来平衡台后的土压力，桥台本身多数由石砌、片石混凝土或混凝土等圬工材料建造，并用就地浇筑的方法施工。重力式桥台依据桥梁跨径、桥台高度及地形条件的不同有多种形式，常用的类型有 U 形桥台、埋置式桥台、八字式和一字式桥台。

(二) 轻型桥台

轻型桥台一般由钢筋混凝土材料建造，其特点是用这种结构的抗弯能力来减少圬工体积而使桥台轻型化。常用的轻型桥台有薄壁轻型桥台和支撑梁轻型桥台。轻型桥台适用于小跨径桥梁，桥跨孔数与轻型桥墩配合使用时不宜超过 3 个，单孔跨径不大于 13m，多孔全长不宜大于 20m。

(三) 框架式桥台

框架式桥台是一种在横桥向呈框架式结构的桩基础轻型桥台，它所承受的土压力较小，适用地基承载力较低、台身较高、跨径较大的梁桥。其构造形式有柱式、肋墙式、半重力式和双排架式、板凳式等。

(四) 组合式桥台

为使桥台轻型化，桥台本身主要承受桥跨结构传来的竖向力和水平力，而台后的土压力由其他结构来承受，形成组合式的桥台。常见的有锚定板式、过梁式、框架式以及桥台与挡土墙的组合等形式。

三、桥梁墩台施工

(一) 钢筋混凝土墩台施工

1. 墩台模板

(1) 模板设计原则

宜优先使用胶合板和钢模板；在计算荷载作用下，对模板结构按受力程序分别验算其强度、刚度及稳定性；模板板面之间应平整，接缝严密，不漏浆，保证结构物外露面美观，线条流畅，可设倒角；结构简单，制作、拆装方便。模板可采用钢材、胶合板、塑料和其他符合设计要求的材料制成；浇筑混凝土之前，木板应涂刷脱模剂，外露面混凝土模板的脱模剂应采用同一种品种，不得使用废机油等油料，且不得污染钢筋及混凝土的施工缝处。重复使用的模板应经常检查、维修。

(2) 模板的类型和构造

混凝土及钢筋混凝土墩台的模板主要有固定式模板、拼装式模板、整体吊装模板、组合式定型钢模板。

拼装式模板：拼装式模板是用各种尺寸的标准模板，利用销钉连接，并与拉杆、加劲构件等组成墩台所需形状的模板。将墩台表面划分为若干小块，尽量使每部分板扇尺寸相同，以便于周转使用。板扇高度通常与墩台分节灌注高度相同，一般可为 3 ~ 6m，宽度可为 1 ~ 2m，具体视墩台尺寸和起吊条件而定。拼装式模板由于在厂内加工制造，因此，板面平整、尺寸准确、体积小、质量轻、拆装容易、快速，运输方便，故应用广泛。

整体吊装模板：根据墩台高度分层支模和浇筑混凝土，每层的高度应视墩台尺寸、模板数量和浇筑混凝土的能力而定，一般为 2 ~ 4m；用吊机吊起大块板扇，按分层高度安装好第一层模板，其组装方法同低墩台组装模板；模板安装完成后在浇筑第一层混凝土时，应在墩台身内预埋支承螺栓，用于支承第二层模板和安装脚手架。

组合型钢模板：组合型钢模板是以各种长度、宽度及转角标准构件，用定型的连接件将钢模拼成结构用模板。组合型钢模板具有体积小、质量轻、运输方便、装拆简单、接缝紧密等优点，适用于在地面拼装，整体吊装的结构上。

滑动钢模板：滑动钢模板适用于各种类型的桥墩。各种模板在工程上的应用，可根据墩台高度、墩台形式、机具设备、施工期限等条件，因地制宜，合理选用。模板的设计可参照《公路桥涵钢结构及木结构设计规范》的有关规定。

验算模板的刚度时，其变形值不得超过下列数值：结构表面外露的模板，挠度为模板构件跨度的1/400；结构表面隐蔽的模板，挠度为模板构件跨度的1/250；钢模板的面板变形为1.5mm，钢模板的钢棱、柱箍变形为3.0mm。

模板安装前应对模板尺寸进行检查；安装时要坚实牢固，以免振捣混凝土时引起跑模漏浆；安装位置要符合结构设计要求。

2. 混凝土的浇筑

桥梁墩台具有垂直高度较大、平面尺寸相对较小的特点，其混凝土浇筑方法有别于梁或承台等构件的混凝土浇筑方法。墩台混凝土运输方式不仅有水平运输，还有难度较大的垂直运输。

通常采用的混凝土运输方法有：利用卷扬机和升降电梯平台运送混凝土手推车；利用塔式起重机吊斗输送混凝土；利用混凝土输送泵将混凝土送至高空建筑点等。

混凝土在运输过程中应有足够的初凝时间，保证混凝土的浇筑质量。混凝土的拌和、运输及浇筑速度应大于墩台混凝土浇筑体积与配制混凝土的初凝时间之比。

对于泵送混凝土，应防止堵管现象的发生。在进行大体积墩台混凝土浇筑时应分层分块浇筑。同时，应控制混凝土的水化热。一般情况下，其应符合相关桥涵施工质量标准的要求。当平截面面积过大，次层混凝土不能在前层混凝土初凝或被重塑前浇筑完成时，可进行分块浇筑。分块浇筑时应符合下列规定。

分块时宜合理布置，各分块平截面面积应小于50m²；每块的高度不宜超过2m；块与块之间的水平接缝面应与基础平截面的短边平行，且与截面边界垂直；上、下邻层混凝土间的竖向接缝应错开位置做企口，并按施工缝处理。

大体积混凝土应参照下述方法控制混凝土的水化热温度：用改善骨料

级配，降低水灰比，掺加混合料、外加剂、片石等方法来减少水泥用量；采用水化热低的大坝水泥、矿渣水泥、粉煤灰水泥或低强度等级水泥；减小浇筑层厚度，以加快混凝土的散热速度；混凝土用料应避免日光暴晒，以降低初始温度；在混凝土内埋设冷却管通水冷却。

(二) 砌筑墩台施工

1. 砌筑方法

同一层石料及水平灰缝的厚度要均匀一致，每层按水平砌筑，丁顺相间，砌石灰缝应互相垂直。砌石顺序为先角石，再镶面，后填腹。

填腹石的分层高度应与镶面相同；圆端、尖端及转角形砌体的砌石顺序应自顶点开始，按丁顺排列安砌镶面石。

2. 墩、台帽施工

(1) 放样

墩、台混凝土浇筑或砌石砌至离墩、台帽下缘 300～500mm 高度时，即需测出墩、台帽纵横中心轴线，并开始竖立墩、台帽模板，安装锚栓孔或安装预埋支座垫板，绑扎钢筋等；桥台台帽放样时，应注意不要以基础中心线作为台帽背墙线；模板立好后，在浇筑混凝土前应再次复核，以确保墩、台帽中心、支座垫石等位置、方向和高程不出差错。

(2) 墩、台帽模板安装

墩、台帽系支承上部结构的重要部分，其位置、尺寸和高程的准确度要求较严，墩、台身混凝土浇筑至墩、台帽下 300～500mm 处就应停止浇筑，以上部分待墩、台帽模板立好后一次浇筑，以保证墩、台帽底有足够厚度的紧密混凝土。

(3) 钢筋和支座垫板的安设

墩、台帽上支座垫板的安设一般采用预埋支座垫板和预留锚栓孔的方法。前者需在绑扎墩、台帽和支座垫石钢筋时，将焊有锚固钢筋的钢垫板安设在支座的准确位置上，即将锚固钢筋和墩、台帽骨架钢筋焊接固定。同时，用木架将钢垫板固定在墩、台帽模板上。此法在施工时垫板位置不易准确，应经常校正。后者需在安装墩、台帽模板时，安装好预留孔模板，在绑扎钢筋时注意将锚栓孔位置留处，安装支座施工方便，支座垫板位置准确。

（三）装配式墩台施工

1. 拼装接头

（1）承插式接头

承插式接头连接是将预制构件插入相应的承台预留孔内，插入长度一般为 1.2 ~ 1.5 倍的构件宽度，底部铺设 2cm 厚的砂浆，四周以半干硬性混凝土填充，这种方法常用于立柱与基础的接头连接。

（2）钢筋锚固接头

钢筋锚固接头连接是使构件上的预留钢筋形成钢筋骨架，插入另一构件的预留槽内，或将钢筋互相焊接后再浇筑混凝土，这种方法多用于立柱与墩帽处的连接。

（3）焊接接头

焊接接头连接是将预埋在构件中的钢板与另一构件的预埋钢板用电焊连接，外部再用混凝土封闭。这种方法易于调整误差，多用于水平连接杆与立柱间的连接。

（4）扣环式接头

扣环式接头连接即相互连接的构件按预定位置预埋环式钢筋。安装时，柱脚先安置在承台的柱心上，上、下环式钢筋互相错接，扣环间插入 U 形钢筋焊接，之后立模浇筑外侧接头混凝土。

（5）法兰盘接头

采用法兰盘接头时，在连接构件两端安装法兰盘，连接时要求法兰盘预埋件的位置必须与构件垂直，接头处可以不采用混凝土封闭。

2. 砌块式墩台施工

砌块式墩台安装前的准备工作与石砌墩台相同，只是预制砌块的形式因墩台形状不同而有很多变化。基坑坑底整平后，经检验合格后铺设砂、砾石或碎石垫层并夯实整平，铺好坐浆后安装墩台。其施工方法和注意事项主要包括以下几点：预制砌块时，吊环宜设于凹窝内，使其不突出顶面，以免妨碍拼装，同时，也省去切除吊环工序；吊运安装机具可采用各种自行式吊车、龙门架、简易缆索吊机设备或各种扒杆；砌块安装时应对准位置安放平稳，若位置不准确时，应吊起重放，不得用撬棍拔移，平缝用较干砂浆。砌缝宽度应不大于1cm，为防止水平缝砂浆全被上层砌块挤出，可在水平缝中垫以铁片，其厚度需小于铺筑的砂浆。竖向砌缝中砂浆应插捣密实，砌筑路桥工程施工技术外露面时应预留2cm的空缝备作勾缝之用，隐蔽面砌缝可随砌随刮平。竖向砌缝错缝应不小于20cm；每安装高1m左右的砌块应进行找平，控制灰缝厚度和标高。

3.柱式墩施工

装配式柱式墩系将桥墩分解成若干轻型部件，在工厂或工地集中预制，再运送到现场装配桥梁。其形式有双柱式、排架式、板凳式和刚架式等。装配式柱式墩台应注意几个问题。

第一，墩台柱构件与基础顶面预留环形基座应编号，并检查各个墩、台高度是否符合设计要求；基杯口四周与柱边的空隙不得小于2cm。

第二，墩台柱吊入基坑内就位时，应在纵横方向测量，使柱身垂直度或倾斜度以及平面位置均符合设计要求；对重大、细长的墩柱，需用风缆或撑木固定，方可摘除吊钩。

第三，在墩台柱顶安装盖梁前，应先检查盖梁口预留槽眼位置是否符合设计要求，否则应先修凿。柱身与盖梁（顶帽）安装完毕并检查符合要求后，可在基坑空隙与盖梁槽眼处灌注稀砂浆，待其硬化后，撤除楔子、支撑或风缆，再在楔子孔中灌填砂浆。

第四，在基础或承台上安装预制混凝土管节、环圈做墩台的外模时，为使混凝土基础与墩台连接牢固，应由基础或承台中伸出钢筋插入管节、环圈中间的现浇混凝土内，插入钢筋的数量和锚固长度应按设计规定或通过计算决定。

4.后张法预应力钢筋混凝土装配式墩台施工

后张法预应力钢筋混凝土装配式墩台采用的预应力钢材主要有高强度低松弛率钢丝和冷拉Ⅳ级粗筋两种。

高强度低松弛率钢丝的强度高，张拉力大，因此，所需预应力束的数量较少，施工时穿束较容易。在预应力钢束连接处，受预应力钢束连接器的影响，需要局部加厚构件的混凝土壁。对于冷拉Ⅳ级粗钢筋，要求混凝土预制构件中的预留孔道精度高，以利于冷拉Ⅳ级粗钢筋的连接。

后张法预应力钢筋混凝土装配式墩台的预应力张拉方式有两种，即在墩帽顶上张拉预应力钢束和在墩台底的实体部位张拉预应力钢束，一般在墩帽顶上张拉预应力钢束。

（1）在墩帽顶上张拉预应力钢束

在墩帽顶上张拉预应力钢束的主要特点：张拉作业为高空作业，虽然张拉操作方便，但安全性较差；预应力钢束锚固端可以直接埋入承台，而不需要设置过渡段；在墩台底截面受力最大的位置可以发挥预应力钢束抗弯能力强的特点。

（2）在墩台底的实体部位张拉预应力钢束

在墩台底的实体部位张拉预应力钢束的主要特点：张拉作业为地面作业，施工安全且方便；在墩台底要设置过渡段，既要满足预应力钢束张拉千斤顶的安放要求，又要布置较多的受力钢筋，以满足截面在运营阶段的受力要求；过渡段构件中预应力钢束的张拉位置与竖向受力钢筋间的相互关系较为复杂。

应特别注意的是，压浆时最好由下而上压注，构件装配的水平拼装缝采用35号水泥砂浆，砂浆厚度为15mm。一方面，可以起到调节水平的作用；另一方面，可避免因渗水而影响预制构件的连接质量。

（四）滑模施工

1. 滑模施工基础

（1）滑模组装

在墩位上就地进行组装时，安装步骤如下。在基础顶面搭枕木垛，定出桥墩中心线；在枕木垛上先安装内钢环，并准确定位，再依次安装辐射梁、外钢环、立柱、千斤顶、模板等；提升整个装置，撤去枕木垛，再将模板落下就位，随后安装余下的设施；内外吊架待模板滑升至一定高度，及时安装；模板在安装前，表面需涂润滑剂，以减少滑升时的摩阻力；组装完毕后，必须按设计要求及组装质量标准进行全面检查，并及时纠正偏差。

（2）灌注混凝土

滑模宜灌注低流动度或半干硬性混凝土，灌注时应分层、分段对称地进行，分层厚度20～30cm为宜，灌注后混凝土表面距模板上缘宜有不小于10～15cm的距离。

混凝土入模时，要均匀分布，应采用插入式振动器捣固，振捣时应避免触及钢筋及模板，振动器插入下一层混凝土的深度不得超过5cm；脱模时混凝土强度应为0.2~0.5MPa，以防在其自重压力下坍塌变形。

为此，可根据气温、水泥强度等级经试验后掺入一定量的早强剂，以加速提升；脱模后8h左右开始养生，用吊在下吊架上的环绕墩身的带小孔的水管来进行。养生水管一般设在距模板下缘1.8~2.0m处效果较好。

（3）提升与收坡

整个桥墩灌注过程可分为初次滑升、正常滑升和最后滑升三个阶段。

从开始灌筑混凝土到模板首次试升为初次滑升阶段；初灌混凝土的高度一般为60~70cm，分几次灌注，在底层混凝土强度达到0.2~0.4MPa时即可试升。将所有千斤顶同时缓慢起升5cm，以观察底层混凝土的凝固情况。现场鉴定可用手指按刚脱模的混凝土表面，若基本按不动，但留有指痕，砂浆不沾手，用指甲划过有痕，滑升时能耳闻"沙沙"的摩擦声，这些现象表明混凝土已具有0.2~0.4MPa的出模强度，可以开始再缓慢提升20cm左右。

初升后经全面检查设备，即可进入正常滑升阶段。即每灌注一层混凝土，滑模提升一次，使每次灌注的厚度与每次提升的高度基本一致。在正常气温条件下，提升时间不宜超过1h。

滑升阶段是混凝土已经灌注到需要高度，不再继续灌注，但模板尚需继续滑升的阶段。灌完最后一层混凝土后，每隔1~2h将模板提升5~10cm，滑动2~3次后即可避免混凝土模板胶合。滑模提升时应做到垂直、均衡一致，顶架间高差不大于20mm，顶架横梁水平高差不大于5mm。并要求三班连续作业，不得随意停工。随着模板的提升，应转动收坡丝杆，调整墩壁曲面的半径，使之符合设计要求的收坡坡度。

（4）接长顶杆、绑扎钢筋

模板每提升至一定高度后，就需要穿插进行接长顶杆、绑扎钢筋等工作。为了不影响提升时间，钢筋接头均应事先配好，并注意将接头错开。对预埋件及预埋的接头钢筋，滑模抽离后，要及时清理，使之外露。

在整个施工过程中，由于工序的改变，或发生意外事故，使混凝土的灌注工作停止较长时间，即需要进行停工处理。例如，每隔半小时左右稍微提升模板一次，以免黏结；停工时在混凝土表面要插入短钢筋等，以加强新老混凝土的黏结；复工时还需将混凝土表面凿毛，并用水冲走残渣，湿润混凝土表面，灌注一层厚度为 2～3cm 的 1∶1 水泥砂浆，再灌注原配合比的混凝土，继续滑模施工。

爬升模板施工与滑动模板施工相似，不同的是支架通过千斤顶支承于预埋在墩壁中的预埋件上。待浇筑好的墩身混凝土达到一定强度后，将模板松开。千斤顶上顶，把支架连同模板升到新的位置，模板就位后，再继续浇筑墩身混凝土。如此往复循环，逐节爬升，每次升高约 2m。

翻升模板施工是采用一种特殊钢模板，一般由三层模板组成一个基本单元，并配置有随模板升高的混凝土接料工作平台。当浇筑完上层模板的混凝土后，将最下层模板拆除翻上来拼装成第四层模板，以此类推，循环施工。翻升模板也能够用于有坡度的桥墩施工。

2. 滑升模板施工方法的特点

（1）机械化程度高

整套滑升模板均由电动液压机械提升，机械化程度高。

（2）施工速度快

施工过程中只需要进行一次模板组装，大大减少了模板拆装工序，实现了连续作业。竖向结构施工速度快，在一般气温下，每个昼夜的平均施工进度为 5～6m。

（3）结构整体性好

滑升模板体系刚度高且可连续作业，各层混凝土之间不留施工缝，从而大大提高了墩台混凝土浇筑的内在质量和外观质量。

（4）节约模板和劳动力，有利于安全施工

滑升模板事先在地面上组装，施工中不再变化，模板的利用率很高。这不但可以大量节约模板，还极大地减少了装拆模板的劳动力，方便浇筑混凝土，改善了操作条件，因而有利于安全施工。

（5）适应性强

该滑升模板施工不但可用于直坡墩身的施工，还可用于斜坡墩身的施工。

要特别注意，滑升模板施工方法具有以下缺点：一次性投资大，建筑物立面造型受到一定限制，需要较高的施工管理水平和技术水平。

第二节　梁(板)桥施工

梁桥的种类有许多，本节主要以钢筋混凝土简支梁桥的施工技术为例来介绍。

一、概述

(一)就地浇筑施工

就地浇筑施工是一种古老的施工方法，它是在桥孔位置搭设支架，并在支架上安装模板，绑扎及安装钢筋骨架，预留孔道，并在现场浇筑混凝土与施加预应力的施工方法。由于施工须用大量的模板支架，以前一般仅在小跨径桥或交通不便的边远地区采用。随着桥跨结构形式的发展，出现了一些变宽的异形桥、弯桥等复杂的混凝土结构，加之近年来临时钢构件和万能杆件系统的大量应用，在其他施工方法都比较困难或经过比较，施工方便、费用较低时，也常在中、大跨径桥梁中采用就地浇筑的施工方法。

就地浇筑施工方法的特点如下。

(1)桥梁的整体性好，施工平稳，可靠，不需大型起重设备。

(2)施工中无体系转换。

(3)预应力混凝土连续梁桥可以采用强大预应力体系，使结构构造简化，方便施工。

(4)需要使用大量施工支架，跨河桥梁搭设支架影响河道的通航与排洪，施工期间支架可能受到洪水和漂浮物的威胁。

(5)施工工期长，费用高，需要有较大的施工场地，施工管理复杂。

(二)装配式梁桥

一般地说，用预制安装法施工的装配式梁桥与就地浇筑的整体式梁桥相比，有如下特点。

1. 缩短施工工期

构件预制可以提早进行，在下部结构施工的同时进行预制工作，做到上、下部结构平行施工。

2. 节约支架、模板

装配式梁桥往往采用无支架或少支架施工。另外，构件在预制场或工厂内预制时，采用的模板和支架易于做到尽量简便、合理，并可考虑更多的反复周期使用。

3. 提高工程质量

装配式梁桥的构件在预制的过程中较易于做到标准化和机械化。

4. 需要吊装设备

主要预制构件的重量，少则几吨或十几吨，一般为几十吨，这就要求施工单位有相应的吊装能力和设备。

综上所述，装配式梁桥与整体式梁桥的造价比较，要根据具体情况来具体分析。当桥址地形条件下难以设立支架，且施工队伍有足够的吊装设备，桥梁的工程数量又相当大时，采用装配式施工将是经济合理的。

二、施工支架与模板

(一) 支架类型及构造

1. 满布式木支架

满布式木支架常用于陆地或不通航的河道，或桥墩不高、桥位处水位不深的桥梁。其形式可根据支架所需跨径的大小等条件，采用排架式、人字撑式或八字撑式。排架式为简单的满布式支架，主要由排架及纵梁等部件构成，其纵梁为抗弯构件，因此，跨径一般不大于4 m。人字撑式和八字撑式的支架构造较复杂，其纵梁须加设人字撑或八字撑为可变形结构。因此，须在浇筑混凝土时适当安排浇筑程序并保持均匀对称地进行，以防发生较大变形。木支架的跨径可达8 m。

满布式木支架的排架，可设置在枕木上或桩基上，基础须坚实、可靠，以保证排架的沉陷值不超过规定。当排架较高时，为保证支架横向的稳定，除在排架上设置撑木外，尚应在排架两端外侧设置斜撑木或斜立柱。

满布式支架的卸落设备一般采用木楔、木马或砂筒等，可设置在纵梁支点处或桩顶帽木上面。

2. 钢木混合支架

为加大支架跨径，减少排架数量，支架的纵梁可采用工字钢，其跨径可达 10m。但在这种情况下，支架多改用木框架结构，以加强支架的承载力及稳定性。

3. 万能杆件拼装支架

用万能杆件可拼装成各种跨度和高度的支架，其跨度须与杆件本身长度成倍数。

用万能杆件拼装的桁架的高度，可为 2m、4m、6m 或 6m 以上。当高度为 2m 时，腹杆拼为三角形；当高度为 4m 时，腹杆拼为菱形；当高度超过 6m 时，则拼为多斜杆的形式。用万能杆件拼装墩架时，柱与柱之间的距离应与桁架之间的距离相同。柱高除柱头及柱脚外，应为 2m 的倍数。

用万能杆件拼装的支架，在荷载作用下的变形较大，而且难以预计其数值。因此，应考虑预加压重，预压重量相当于灌注混凝土的重量。万能杆件的类别、规格及容许应力，可参阅有关资料。

4. 装配式公路钢桥桁节拼装支架

用装配式公路钢桥桁节，可拼装成桁架梁和塔架。为加大桁架梁孔径和利用墩台做支撑，也可拼成八字斜撑，以支撑桁架梁。桁架梁与桁架梁之间，应用抗风拉杆和木斜撑等进行横向联结，以保证桁架梁的稳定。

用装配式公路钢桥桁节拼装的支架，在荷载作用下的变形很大，因此，应进行预压。

5. 轻型钢支架

桥下地面较平坦、有一定承载力的梁桥，为节省木料，宜采用轻型钢支架。轻型钢支架的梁和柱，以工字钢、槽钢或钢管为主要材料，斜撑、联结系等可采用角钢。构件应制成统一规格和标准；排架应预先拼装成片或组，并以混凝土、钢筋混凝土枕木或木板作为支撑基底。为了防止冲刷，支撑基底须埋入地面以下适当的深度。为适应桥下高度，排架下应垫以一定厚度的枕木或木楔等。

为便于支架和模板的拆卸，纵梁支点处应设置木楔。

6. 墩台自承式支架

在墩台上留下承台式预埋件，上面安装横梁及架设适宜长度的工字钢或槽钢，即构成模板的支架。这种支架适用于跨径不大的梁桥，但支立时仍须考虑梁的预拱度，支架梁的伸缩，以及支架和模板的卸落等所需条件。

7. 模板车式支架

模板车式支架适用于跨径不大、桥墩为立柱式的多跨梁桥的施工。在墩柱施工完毕后即可立即铺设轨道，拖进孔间，进行模板的安装。这种方法可简化安装工序和节省安装时间。

当上部构造混凝土浇筑完毕，强度达到要求后，模板车即可整体向前移动，但移动时须将斜撑取下，将插入式钢梁节段推入中间钢梁节段内，并将千斤顶放松。

(二) 模板构造

跨径不大的肋板梁，一般用木料制成。安装时，首先在支架纵梁上安装横木 (分布杆件)，横木上钉底板；其次，在其上安装肋梁的侧面模板及桥面板的底板。肋梁的侧面模板系钉于肋木之上。桥面板底板的横木则由钉于上述肋木上的托板承托。肋木后面须钉以压板，以支撑肋梁混凝土的水平压力。为减少现场的安装工作，肋梁的侧面模板及桥面板的底板 (包括横木)，可预先分别制成镶板块件。

当上部构造的肋梁较高时，其模板一般须采用框架式；梁的侧模及桥面板的底模，用木板或镶板钉于框架之上即可。但当梁的高度超过一定范围 (1.5m 左右) 时，梁下部混凝土的浇筑和捣实宜从侧面进行，此时，梁的一侧的模板须开窗口或分两次装钉。

(三) 模板和支架的制作与安装

1. 模板及支架在制作和安装时的注意事项

(1) 构件的连接应尽量紧密，以减少支架变形，使沉降量符合预计数值。

(2) 为保证支架稳定，应防止支架与脚手架和便桥等接触。

(3) 模板的接缝必须密合；如有缝隙，须塞堵严密，以防跑浆。

(4) 建筑物外露面的模板应涂石灰乳浆、肥皂水或无色润滑油等润滑剂。

（5）为减少施工现场的安装拆卸工作和便于周转使用，支架和模板应尽量制成装配式组件或块件。

（6）钢制支架宜制成装配式常备构件，制作时应特别注意构件外形尺寸的准确性，一般应使用样板放样制作。

（7）模板应用内撑支撑，用对拉螺栓销紧。内撑有钢管内撑、钢筋内撑、硬塑料胶管内撑等。

2. 制作及安装质量要求

支架和模板制作应符合设计图纸的要求，面板可以用4~6 cm的冷轧钢板或厚18 cm以上的木胶合板。为增加周转次数，胶合板的面上要有高分子材料覆膜。胶合板面板不得使用脱胶空鼓、边角不齐、板面覆膜不全的板材。

3. 支架和模板的安装

（1）安装前按图纸要求检查支架的自制模板的尺寸与形状，合格后才准进入施工现场。

（2）安装后不便涂刷脱模剂的内侧木板应在安装前涂刷脱模剂，顶板模板安装后，布扎钢筋前涂刷脱模剂。

（3）支架结构应满足立模标高的调整要求。按设计标高和施工预拱度立模。

（4）承重部位的支架和模板，必要时应在立模后预压，消除非弹性变形和基础沉降。预压重力相当于之后浇筑混凝土的重力。当结构分层浇筑混凝土时，预压重力可取浇筑混凝土重量的80%。

（5）相互连接的模板，木板面要对齐，连接螺栓不要一次锁紧，整体检查模板线形。发现偏差，及时调整后再锁紧连接螺栓，固定好支撑杆件。

（6）模板连接缝间隙大于2 cm应用灰膏类填缝或贴胶带密封。预应力管道锚具处空隙大时用海绵泡沫填塞，防止漏浆。

（7）主要起重机械必须配备经过专门训练的专业人员操作，指挥人员、司机、挂钩人员要统一信号。

（8）遇6级以上大风时，应停止施工作业。

三、钢筋骨架的安装

(一) 骨架制作

在支架上浇筑钢筋混凝土梁时，为减少在支架上的钢筋安装工作，梁内的钢筋宜预先在工厂或桥梁工地制成平面或立体骨架；当梁的跨径较大时，可预先分段制成骨架；当不能预先制成骨架时，则钢筋的接长应尽可能预先进行。制作钢筋骨架时须焊扎坚固，以防在运输和吊装过程中变形。

多层钢筋焊接时，可采用侧面焊缝，使之形成平面骨架，焊接缝设在弯起钢筋的弯起点处。如斜筋弯起点之间的距离较大，应在中间部分适当增加短段焊缝，以便有效地固定各层主钢筋。

(二) 钢筋接头

(1) 直径不大于 25 cm 的螺纹钢筋或光圆钢筋，均可采用绑扎搭接；受压钢筋搭接长度，应取受拉钢筋搭接长度的 70%。

(2) 钢筋接头应设置在内力较小处，并错开布置。绑扎搭接的接头数量，在同一截面内，对受拉钢筋不宜超过受力钢筋的 1/4；对受压钢筋不宜超过受力钢筋的 1/2。接头相互间的距离，如不超过钢筋直径的 30 倍，均视为在同一截面内。

(3) 采用搭叠式电弧焊接时，钢筋端部应预先折向一侧，使两接合钢筋在搭接范围内轴线一致，以减少偏心。搭接时双面焊缝的长度不小于 5d（d 为钢筋直径），单面焊缝的长度不小于 10d。

(4) 采用夹焊式焊接时，夹杆总面积不小于被焊钢筋的面积。夹杆长度，如用双面焊缝，应不小于 5d；如用单面焊缝，应不小于 10d。

(三) 钢筋骨架的拼装

用焊接的方法拼接骨架时，应用样板严格控制骨架位置。骨架的施焊顺序，宜由骨架的中间到两边，对称地向两端进行，并应先焊下部后焊上部，每条焊缝应一次成形，相邻的焊缝应分区对称地跳焊，不可顺方向连续施焊。

为保证混凝土保护层的厚度，应在钢筋骨架与模板之间错开放置适当数量的水泥砂浆垫块、混凝土垫块，骨架侧面的垫块应绑扎牢固。

(四) 钢筋骨架的运输和吊装

运输预制钢筋骨架时，骨架可放在平车上或在骨架下面垫以滚轴，用绞车拖拉。运输道路可根据现场条件，或设在桥上或设在桥侧面；孔数较多时，以设在桥侧面为宜。由桥侧面运进和吊装时，侧面模板应在骨架入模后再安装。用起重机吊装骨架时，为防骨架弯曲变形，宜加设扁担梁。

(五) 钢筋骨架质量要求

钢筋骨架除应按规定对加工质量、焊接质量及各项机械性能进行检验外，还应检查其焊扎和安装的正确性。

四、混凝土工程

原材料在进场前，应先自检，做好混凝土配合比设计，并经监理部门验证批准后才能进场，具体内容如下。

(一) 原材料的检查

1. 水泥的检查与保管

（1）水泥进场前应抽取样品进行检验，并报请监理部门检验，经其同意后才能进场，进场的水泥应按其品种、强度等级、证明文件 (质保书) 以及出厂时间等情况分批进行检查，验收。

（2）入库的水泥应按品种、强度等级、出厂日期分别堆放，并竖立标志。做到先到先用，并防止混掺使用。

（3）为了防止水泥受潮，现场仓库尽量密封。包装水泥存放时，应垫离地面 30 cm，四周离墙在 30 cm 以上。临时露天暂存水泥时，应用防雨篷布盖严，底板须垫高。

（4）水泥储存时间不宜过长，以免结块降低强度。常用水泥在出厂超过3 个月视为过期水泥，使用时必须重新检验确定强度等级。因为水泥在正常环境存放超过 3 个月，强度会降低 10% ~ 20%；存放 6 个月，强度会降低

15% ~ 30%。

（5）受潮、结块水泥一般不得用在结构工程中。

2. 细集料

（1）细集料的选择。选择细集料时，应优先选择级配良好、质地坚硬、颗料洁净的河砂。当没有河砂时，也可用山砂或机制砂。无论哪一种砂，均应分别检验。各项指标均满足《公路桥涵施工技术规范》方可使用。

（2）试验。对细骨料进场使用前，根据规范应完成：筛分、含泥量、有机质以及压碎值试验，必要时还要进行坚固性试验。试验应按《公路工程集料试验规程》的规定进行。

3. 粗集料

粗集料对混凝土质量有较大的影响，使用干净、坚硬、具有耐久性的集料很重要。桥梁施工粗集料的颗料级配，最好是连续级配，可以采用连续级配与单粒级配配合使用。只有在特殊情况下，确保混凝土不出现离析时，才可用单粒级配。

同细集料一样，选用的粗集料必须满足《公路桥涵施工技术规范》中的各项指标要求，并且现场取样进行筛分、杂质含量、强度、针片状含量等试验，只有当试验结果满足规范要求时才能使用。

无论是粗集料还是细集料，在进场前必须抽验，填写进场材料检验申请单，经检验合格后，方可进场使用。

此外，组成混凝土的材料还有水及外加剂。人畜可用的洁净水可用来拌制混凝土。主要的外加剂类型有普通和高效减水剂、早强减水剂、缓凝减水剂、引气减水剂、抗冻剂、膨胀剂、阻锈剂和防水剂等。混合材料包括粉煤灰、火山灰质材料、粒化高炉矿渣等。混合材料的技术条件可以参考《公路桥涵施工技术规范》。但应注意在预应力钢筋混凝土结构中不得使用加气剂、加气型减水剂及掺加氯化钠、氯化钙等氯盐，各组成材料中引入的氯离子一般不超过水泥用量的 0.06%。

（二）混凝土配合比

由于大部分桥梁施工远离城市，特别是中、小桥以及涵洞工程混凝土数量不大，基本上都是采用现场拌制混凝土，除非城市桥梁施工才采用商品混凝土（预拌混凝土）。因此，工程技术人员要设计并控制好现场混凝土配合比，确保混凝土质量。

配合比的设计是依据设计图纸中混凝土强度等级进行的，详细内容可参考人民交通出版社于 2020 年出版的书籍《道路建筑材料》。选择配合比的原则：在具有适合作业要求的和易性范围内，应尽量减少单位用水量，并根据试验确定配合比。

由于计量、搅拌、养护、浇筑以及骨料的含水量等方面原因，施工现场拌制混凝土时与试验室存在着一定的差异，因此，试配强度应大于设计标准强度。

另外，在做配合比试验时，所有材料都应当与施工用料相同，否则试配将是无效的。为了节约水泥与改善和易性，缩短或延长凝结时间，提高耐冻性，应积极使用外加剂。

（三）混凝土拌制

1. 机械拌制

靠搅拌机完成，常用的机械有自落式搅拌机和强制式搅拌机两种。自落式搅拌机用于拌和塑性混凝土，强制式搅拌机用于拌和半干硬性混凝土。搅拌机使用前应清扫干净，否则搅拌机内部有灰浆黏着硬化，会缩短机器的正常使用寿命，影响拌合料的质量。当搅拌机长久未用时，使用时应先放入一部分砂、石搅拌一会儿，然后倒去，以除去搅拌机内的锈等杂质。给搅拌机喂料误差控制如下：水泥、外加剂干料 ±2%，粗细骨料 ±3%，水、外加剂溶液 ±2%。喂料顺序应根据机器类型、骨料种类等具体情况确定。对于强制式搅拌机：先加砂，再加水泥，最后加石料，上料后提起料斗，把全部原料倒入搅拌机内拌和，同时打开进水阀，直到搅拌机拌和至各材料混合均匀、颜色一致再出料。

混凝土最短搅拌时间可参考有关规范。

对于大桥或特大桥以及混凝土用量较多时，应设置混凝土拌合站，各种混凝土采用集中拌制，电子计量，利于混凝土的质量控制。

2. 人工拌制

速度慢，劳动强度大，仅用于小量的辅助或修补工程。

(四) 混凝土的运输

1. 在桥面上运输

对于跨径不大的桥梁，可在上部结构模板上运输混凝土。用手推车或小型机动斗车运输时，须在模板上铺跳板和马凳，并随着浇筑工作的推进逐一撤除；用轻轨斗车运输时，模板上须放置混凝土短柱或铁支架，上搁纵梁、横木、面板，再铺铁轨。混凝土短柱和铁支架可留在混凝土体内。

2. 索道吊机和运输

索道吊机一般沿顺桥方向跨越全部桥跨设置，可设一条或两条索道，在桥的横向可用牵引的方法或搭设平台分送混凝土。此法适用于河谷较深或水流湍急的桥梁。

3. 在河滩上运输

当桥下为较平坦的河滩时，可用汽车或轻轨斗车进行水平运输，用吊机进行垂直和横向运输。进行水平运输（顺桥向）和垂直运输（上、下方向）时，宜用同一活底吊斗装载混凝土并将其送入模板，避免倒料。不得已需要先将料放在平台上，然后进行分送时，应经过重新拌和后再分送与浇筑。

4. 水上运输

在较大、可通航的河流上，可在浮船上设置水上混凝土工厂和吊机，以供应混凝土并将其运送到浇筑部位。须另用小船运送混凝土时，应尽可能使用同一装载混凝土的工具。

(五) 混凝土的浇筑

1. 混凝土的浇筑速度

为了保证浇筑混凝土的整体性，防止在浇筑上层混凝土时破坏下层混凝土，浇筑层次的增加须有一定的速度，须使次一层的浇筑能在先浇筑的一层混凝土初凝以前完成。

2. 混凝土的浇筑顺序

在考虑主梁混凝土的浇筑顺序时，不能使模板和支架产生有害的下沉；为了使混凝土振捣密实，应采用相应的分层浇筑；当在斜面或曲面上浇筑混凝土时，一般应从低处开始。

（六）混凝土的振捣

混凝土的振捣分人工振捣（用铁钎）和机械振捣两种。人工振捣一般用于坍落度大、混凝土用量少或钢筋过密部位的振捣。大规模的混凝土浇筑，必须用机械振捣。

机械振捣设备有平板式振捣器和振动台、附着式、插入式等。平板式振捣器用于大面积混凝土施工，如桥面、基础等；附着式振捣器可设在侧模板上，但附着式振捣器是借助振动模板来振捣混凝土，故对模板要求较高，而振捣效果不是太好，常用于薄壁混凝土部分振捣，如梁肋上和空心板两侧部分；插入式振捣器常用的是软管式的，当构件断面有足够的地方插入振捣器，而钢筋又不太密时，采用插入式振捣器的振捣效果比平板式和附着式都要好。

第三节　斜拉桥施工

一、索塔

（一）索塔施工方法及主要设备

1. 索塔的施工方法

可视其结构、体形、材料、施工设备和设计综合考虑选用合适的方法。裸塔施工宜用爬模法，横梁较多的高塔宜用劲性骨架挂模提升法。裸塔现浇施工主要采用翻模、滑模、爬模施工方法。

（1）翻模

应用较早，施工简单，能保证几何尺寸（包括复杂断面），外观整洁。但模板高空翻转，操作危险，沿海地区不宜用此法。

（2）滑模

施工速度快，劳动强度小，但技术要求高，施工控制复杂，外观质量较差，且易污染。一般倾斜度较大，预留孔道及埋件多的索塔不宜用此法。

（3）爬模

爬模兼有滑模和翻模的优势，适用于斜拉桥一般索塔的施工。施工安全，质量可靠，修补方便。国内外大多采用此法。

2. 索塔施工主要机械设备

一般安装一台塔吊，一台施工电梯。塔吊可安装在二柱中间。混凝土的垂直运输一般采用泵送。泵管一般设在施工电梯旁，便于接管、拆管和采取降温或保温措施，或处理堵管等。

（二）索塔施工要点

索塔的施工，除设置相应的塔吊外，还应设置工作电梯及安全通道。斜拉桥施工时应避免塔梁交叉施工干扰，必须交叉施工时应根据设计和施工方法采取保证塔梁质量和施工安全的措施。索塔横梁施工时应根据其结构、质量及支撑高度设置可靠的模板和支撑系统，考虑弹性和非弹性变形、支承下沉、温差及日照的影响，必要时应设支承千斤顶调控，体积过大的横梁可两次浇筑。斜塔柱施工时，必须对各施工阶段塔柱的强度和变形进行计算，应分高度设置横梁，使其线形、应力、倾斜度满足设计要求并保证施工安全。索塔混凝土现浇应选用输送泵施工，超过一台泵的工作高度时，允许接力泵送，但必须做好接力储斗的设置，并尽量降低接力站台高度。宜在索塔施工中设置劲性钢骨架，以保证索管空间定位精度和钢筋架立的精度。

索塔施工组织设计中必须制定整体和局部的安全措施：①设置运输安全设施，如塔吊起质量限制器、断索防护器、钢索防扭器、风压脱离开关等；②防范雷击、强风、暴雨、寒暑、飞行器对施工的影响；③防范吊落和作业事故并有应急的措施；④应对塔吊、支架安装、使用和拆除阶段的强度稳定等进行计算和检查。

另外，必须避免上部塔体施工时对下部塔体表面的污染。

（三）索塔的施工测量

建立平面控制网，对常用点采取加固、防晒防风措施；塔底高程测定，塔底轴线与塔根模板轮廓点放样，上、下塔柱及横梁模板各接高轮廓点的放样与标高测定；塔柱基础沉降观测；劲性骨架、锚索管与模板安置的调整测量；考虑张拉引起的收缩偏位以及浇筑混凝土时产生下沉等原因，放样时在设计基础上加入预偏、沉降等。

二、混凝土主梁

(一) 主梁的特点及施工方法

由于斜拉桥主梁的支承形式为多点连续支承，而且支承间距小，与梁式桥相比，斜拉桥的主梁梁体高跨比较小，斜拉桥的主梁跨越能力大、建筑高度小，把斜拉索索力的水平分力作为轴力传递。主梁施工方法与梁式桥基本相同，大体分四种：顶推法；平转法；支架法（临时支墩拼装、支架上现浇）；悬臂法（悬臂拼装、悬臂浇筑）。

(二) 主梁的施工要点

1. 一般要求

主梁施工时必须进行施工控制，即对梁体每一施工阶段的结果进行详细的检测分析和验算，以确定下一阶段拉索张拉量和主梁线形、高程及索塔位移控制量值，周而复始直至合龙成桥。

施工监控测试的主要内容：

变形：主梁线形、高程、轴线偏差、索塔的水平位移。

应力：拉索索力、支座力以及梁塔应力在施工过程中的变化。

温度：温度场及指定测量时间塔、梁、索的变化。

非与索塔结构固结的主梁，施工时必须使梁塔临时固结，并按要求程序解除临时固结，完成设计的支承体系，必须加强施工期内对临时固结的观察。

2. 混凝土主梁施工

主梁零号段及其两旁的梁段，在支架和塔下托架上浇筑时，应消除温度、弹性和非弹性变形及支承等因素对变形和施工质量的不良影响。

采用挂篮悬臂浇筑主梁时，除应符合梁桥挂篮施工的有关规定外，还应按下列规定执行：挂篮的悬臂梁及挂篮全部构件制作后均应进行检验和试拼，合格后再于现场整体组装检验，并按设计荷载及技术要求进行预压，同时测定悬臂梁和挂篮的弹性挠度、调整高程性能及其他技术性能。挂篮设计和主梁浇筑时应考虑抗风振的刚度要求；拉索张拉时应对称同步进行，以减少其对塔与梁的位移和内力影响。

为防止合龙梁段施工出现的裂缝，应采用以下方法改善受力和施工状况：在梁上、下底板或两肋端部预埋临时连接钢构件，或设置临时纵向连接预应力索，或用千斤顶调节合龙口的应力和合龙口长度。合龙两端高程在设计允许范围内时，可视情况进行适当压重。观测合龙前连日的昼夜温度场变化与合龙高程及合龙口长度变化的关系，选定适当的合龙浇筑时间。合龙梁段浇筑后至纵向预应力索张拉前应禁止施工荷载的超平衡变化。

主梁采用悬拼时，除应遵守连续梁及斜拉桥主梁悬浇的有关规定外，还应按下列规定施工：预制梁段，如设计无规定，宜选用长线台座（可分段设置），亦可采用多段的联线台座，每联宜多于5段，先预制顺序中的1、3、5段，脱模后再在其间浇2、4段，使各端面啮合密贴，端面不应随意修补。应在底模上调整主梁分段形体所受竖曲线的影响。拼装中多段积累的超误差，可用湿接缝调整。梁段拼合前应试拼，以便及时调整。湿接缝拼合面应进行表面凿毛和清扫，干接缝应保持结合面清洁，黏合料应涂刷均匀。采用垫片调整梁段拼装线形时，每次垫片调整的高程不应大于20mm。

长斜拉索在抗振阻尼支点尚未安装前，应采用钢索或杆件（平面索时）将一侧斜拉索连接以抑制和减小斜拉索的振动。

大跨径主梁施工时应缩短双向长悬臂持续时间，尽快使一侧固定，以减少风振的不利影响，必要时应采取临时抗风措施。

3. 钢主梁施工

钢主梁（包括叠合梁和混合梁）施工应注意：①钢主梁应由资质合格的专业单位加工制作、试拼，经检验合格后安全运至工地备用。堆放应无损伤、无变形和无腐蚀。②钢梁制作的材料应符合设计要求。③应进行钢梁的连日温度变形观测对照，确定适宜的合龙温度及实施程序，并应满足钢梁安装就位时高强度螺栓定位所需的时间。

三、斜拉索施工

(一) 斜拉索的构造

斜拉索按材料和制作方式的不同可分为以下几种形式：①平行钢筋索；②平行 (半平行) 钢丝索；③平行 (半平行) 钢绞线索；④单股钢绞缆；⑤封闭式钢缆。

1. 斜拉索制作

为保证质量，斜拉索不宜在现场施工制作，要求工厂化或半工厂化施工，其制作工艺流程为：钢丝经放线托盘放出粗下料 (设计索长 + 施工工作长度)→编束→钢束扭绞成型→下料齐头→分段抽检 (成型后的直径误差及扭绞角)→焊接牵引钩→绕缠包带→热挤 PE 护套→水槽冷却→测量护套厚度及偏差→精下料 (计算长度 + 锹头长度)→端部入锚部分去除 PE 套→锚板穿丝→分丝镦头→装冷铸锚→锚头养护固化→出厂检验 (预张拉等)→打盘包装待运。

2. 斜拉索防护

斜拉索是斜拉桥的主要受力构件，它的防护质量决定整个桥梁的安全和使用寿命。由于斜拉桥的斜拉索全部布置在梁体外部，且处于高应力状态，对锈蚀比较敏感，而锈蚀是斜拉桥劣化的起因。因此，斜拉索防护对斜拉桥有着十分重要的意义。

斜拉索防护可分为临时防护和永久防护两种，防护类型主要有以下几种：①封闭索防护；②平行索用塑料罩套保护；③套管压浆法；④预应力混凝土索套防护；⑤直接挤压护套法。

3. 斜拉索的安装

(1) 放索及索的移动

将斜拉索运输到施工现场，通常采用类似电缆盘的钢结构盘，对于短索，也可采取自身成盘，捆扎后运输，放索方法主要有立式转盘和水平转盘放索。在放索和安索过程中，需要将斜拉索拖移，由于索自身弯曲或者与桥面直接接触，在移动中可能损坏拉索的防护层或损伤索股，因此，施工过程中必须采取措施予以保护，主要方法有滚筒法、移动平车法、导索法和垫层法等。

（2）斜拉索的安装

一般根据斜拉索张拉端的位置确定安装顺序，如果拉索张拉端设于塔部，则先安装梁部，反之则先于塔部安装，塔部安装锚固端的安装方法主要有吊点法、吊机安装法、脚手架法、钢管法，塔部安装张拉端的安装方法有分步牵引法和桁架床法，对于两端均为张拉端的斜拉索，可选用其中适宜的方法。梁部斜拉索的安装有吊点法和拉杆接长法，步骤与塔部安装相同。

（二）斜拉索施工要点

1. 斜拉索和锚具的制作

斜拉索及其锚具应委托专业单位制作，严格执行国家或部颁的行业标准和规格生产，并应进行检测和验收。

斜拉索成品、锚具交货时应提供下列资料：产品质量保证书、产品批号、设计索号及型号、生产日期、数量、长度、质量等；产品出厂检验报告及有关数据。

斜拉索的运输和堆放应无破损、无变形、无腐蚀。

2. 斜拉索的安装与张拉

斜拉索安装可根据塔高、布索方式、索长、索径、索的刚柔程度、起重设备和施工现场状况等综合选择架设方法。安装前应根据索长、索重、斜度和风力等因素计算其安装过程中锚头距索管口 2.0m、1.0m，距锚板 0.70m 以及锚头带锚环时的牵引力，以综合选择架设方案和设备。施工中不得损伤索体保护层和索端锚头及螺纹，不得堆压弯折索体。

不得用起重钩或易于对索体产生集中应力的吊具直接挂扣拉索，宜用带胶垫的管形夹具尼龙吊带或设置多吊点起吊。放索时索体应贴在特制的滚轮上拖拉，并应控制索盘的转速，防止转速突变或倾覆。为防止产生锚头和索体穿入塔、梁索管时的偏位和损伤，应在放管处设置控制的力点或限位器调控。安装过程中锚头螺纹应包裹，及时清除拉索的包护物。斜拉索防护层和锚头损伤应及时修补并计入有关表格存档以便跟踪维护。

施工中，斜拉索抗振的约束环和减振器未安装前，必须确保索管（特别是梁上索管）和锚端的防水、防腐和防污染。

斜拉桥斜拉索的张拉应按下列各项执行：张拉施工的设备和方法应根据设计的索型、锚具、布索方式，塔和梁的构造确定。斜拉索张拉的顺序、级次数和量值应按设计规定执行。应以振动频率计测定的索力或油压表量值为准，以延伸值作校核，并应视拉索防振圈以及弯曲刚度的状况对测值予以修正。斜拉索张拉可于塔端或梁端单端进行，也可顶升索鞍支座进行。平行钢丝拉索宜采用整体张拉，平行钢绞线拉索可用整体或分索张拉，分索张拉应按"分级""等力"的原则进行，每根同级的索力允许误差为 ± 1%。

索塔顺桥向两侧的斜拉索（组）和桥横向对称的斜拉索（组）必须对称同步张拉；同步张拉的不同步索力的相差值不得超出设计规定；两侧不对称的或设计拉力不同的斜拉索，应按设计规定的索力分级同步张拉，各千斤顶同步之差不得大于油表读数的最小分格，索力终值误差小于 ± 2%。

斜拉索锚固时不宜在锚环与承压板间加垫，需要加垫时，其垫圈材料和强度应符合承压要求，并应设成两个密贴带扣的半圈。

斜拉索张拉完成后，悬臂施工跨中合龙前后，当梁体内应力预应力钢筋全部张拉完且桥面及附属设备安装完时，应采用传感器或振动频率测力计检测各拉索力值，同时应视防振圈及索的弯曲刚度等状况对测值予以修正。每组及每索的拉力误差超过设计规定时进行调整，调整时可从超过设计索力最大或最小的斜拉索开始（放或拉），直调至设计索力。调索时应对塔和相应梁段进行位移检测，并做出存档记录，记录内容包括日期、时间、环境温度、索力、索伸缩量、桥面荷载状况、塔梁的变位量及主要相关控制断面应力等。

第四节　其他类型桥梁施工

一、拱桥施工

(一)劲性骨架浇筑拱圈

劲性骨架混凝土拱桥实际上是内填外包式的钢管混凝土结构，其是适应大跨度混凝土拱桥"自架设"应运而生的。其基本原理是利用自重轻、强度与刚度均较大的钢管骨架容易架设，并具有承受后续浇筑混凝土重力的特点，以实现较大的跨越和降低施工费用的目的。劲性骨架混凝土拱桥施工程序包括劲性骨架安装；灌注管内混凝土；灌注钢管管外包混凝土，从而形成钢筋混凝土结构。在这种结构中，先期形成的钢管和钢管混凝土是作为施工的劲性骨架而起作用的，在成桥后，劲性骨架也参与结构受力，但钢管混凝土的结构布置和截面大小一般是由施工受力控制的。

劲性骨架混凝土拱桥的外包拱圈以钢管混凝土劲性骨架为依托，利用吊挂模板浇筑，并按照横向分块、纵向分环和分段的原则外包混凝土。劲性骨架单独承担拱圈第一环的混凝土重力，随后各环混凝土的重力由先期浇筑的混凝土环与劲性骨架形成的组合结构共同承担。这种施工方法的关键：大跨度大吨位缆索吊机的设计、安装及操作；长距离、大落差的混凝土两级泵送和压注工艺；拱圈混凝土浇筑的多点平衡法浇筑程序设计；劲性骨架安装及拱圈施工过程中的拱轴线控制；浇筑拱圈外包混凝土期间的结构强度和稳定性分析。

大跨径劲性拱圈混凝土拱圈（拱肋）的浇筑，可采用分环多工作面均衡浇筑法、水箱压载分环浇筑法和斜拉扣挂分环连接浇筑法。浇筑前应进行加载程序设计，正确计算和分析钢骨架以及钢骨架与先期混凝土层联合结构的变形、应力和稳定安全度，并在施工过程中进行监控。

（二）装配式混凝土、钢筋混凝土拱圈

1. 无支架安装拱圈

构件拼装应结合桥梁规模、河流、地形及设备等条件采用适宜的吊装机具，各项机具设备和辅助结构的规格、型号、数量等均应按有关规定经过设计计算确定。缆索吊机在吊装前必须按规定进行试拉和试吊。拱肋吊装时，除拱顶段以外，各段应设一组扣索悬挂。

扣架的布置应符合下列规定：①扣架一般设在墩、台顶上，扣架底部应固定，架顶应设置风缆。②各扣索位置必须与所吊挂的拱肋在同一竖直面内。③扣架上索鞍顶面的高程应高于拱肋扣环高程。④扣架应进行强度和稳定性验算。

2. 转体施工安装方法

平转施工主要适用于刚构梁式桥、斜拉桥、钢筋混凝土拱桥及钢管拱桥。竖转施工主要适用于转体质量不大的拱桥或某些桥梁预制部件（塔、斜腿、劲性骨架）；对混凝土拱肋、刚架拱、钢管混凝土拱，当地形、施工条件适合时，可选择竖转法施工。其转动系统由转动铰、提升体系（动、定滑轮组，牵引绳等）、锚固体系（锚索、锚锭顶）等组成；平、竖转结合。

3. 缆索吊装施工

缆索吊装法是在架设好的缆索吊装设备上设置两个跑车，下面连接起吊滑车组，跑车上安装前后牵引钢丝绳，牵吊预制构件到架设安装孔上空，下落、横移、就位、安装。在峡谷或水深流急的河段上，或在通航的河流上需要满足船只的顺利通行，缆索吊装由于具有跨越能力大，水平和垂直运输机动灵活，适应性广，施工比较稳妥方便等优点，在拱桥施工中被广泛采用。

预制的拱肋（箱），一般均有起吊、安装等过程，因此必须对吊装、搁置、悬挂、安装等状况下的拱肋进行强度验算，以保证拱肋（箱）的安全施工。拱肋如采用卧式预制，还需验算平卧运输或平卧起吊时截面的侧向应力。

4. 钢管拱肋（桁架）施工

（1）钢管拱肋（桁架）安装

①安装方法

钢管混凝土拱肋施工中最重要的工序之一是拱肋安装，安装的方法有：无支架缆索吊装；少支架缆索吊装；整片拱肋或少支架浮吊安装；吊桥式缆索吊装；转体施工；支架上组装；千斤顶斜拉扣挂悬拼等。

②拱圈形成

钢管拱肋成拱过程中，应同时安装横向连接系，未安装连接系的不得多于一个节段，否则应采取临时横向稳定措施。节段间环焊缝的施焊应对称进行，施焊前需保证节段间有可靠的临时连接并用定位板控制焊缝间隙，不得采用堆焊。合龙口的焊接或栓接作业应选择在结构温度相对稳定的时间内尽快完成。

采用斜拉扣索悬臂拼法施工时，扣索与钢管拱肋的连接件应进行设计计算。扣索根据扣力计算采用多根钢绞线或高强钢丝束，其安全系数应大于 2。

钢管混凝土拱桥的拱圈形成主要分两步，一是钢管拱圈形成，二是在管内灌注混凝土形成最终拱圈，钢管拱既是结构的一部分，又兼作浇筑管内混凝土的支架与模板。采用千斤顶斜拉扣挂悬拼安装就是利用在吊装时用于扣挂钢管的斜拉索的索力调整来控制吊装标高和调整管内混凝土浇筑时拱肋轴线变形，与普通缆索吊装比较具有如下优点：采用强度高、承载力大、延伸量小、变形稳定的钢绞线作斜拉索，可减少架设过程中的不稳定非弹性变形；采用千斤顶张拉系统对斜拉索加卸拉力、收放索长，具有张拉能力大，行程控制精度高，索力调整和控制灵活，锚固可靠等优点；斜拉扣挂体系自成系统，不受缆索吊装系统干扰；可以准确计算悬拼架设过程中各施工阶段的索力、延伸量以及由此而产生的大段接头预抬高量，作为施工监测适时控制的依据。

（2）钢管内混凝土浇筑

①浇筑方法与工艺流程

管内混凝土浇筑可采用人工浇筑和泵送顶升压注两种方法，一般应采用泵送顶升压注施工，由两拱脚至拱顶对称均衡地一次压注完成。由于分段浇筑对密封的钢管来讲较为困难，且由此而产生的若干混凝土接缝对钢管混凝土拱肋质量不利。所以，一般采用自拱脚一次对称浇（压）筑至拱顶的方案。

钢管混凝土压注工艺流程为：堵塞钢管法兰间隙→清洗管内污物、湿润内壁→安设压注头和闸阀→压注管内混凝土→从拱顶排浆孔振捣混凝土→关闭压注口处闸阀稳压→拆除闸阀完成压注。

②管内混凝土质量要求

钢管混凝土压注前应清理管内污物，润湿管壁，泵入适量的水泥浆后再压注混凝土，直至钢管顶端排气孔排出合格的混凝土时停止。完成后应关闭设于压注口的倒流截止阀，管内混凝土的压注应连续进行，不得中断。管内混凝土不能出现断缝、空洞。管内混凝土不能与管壁分离。管内混凝土的配料强度比设计强度高 10% ~ 15%。新灌入钢管的混凝土，3d 内承载量不宜高于 30% 设计强度；7d 承载量不宜高于 80% 设计强度。一根钢管的混凝土的灌注完成时间不得超过第一盘入管混凝土的初凝时间。一根钢管的混凝土必须连续灌注，一气呵成。钢管混凝土的质量检测办法应以超声波检测为主，人工敲击为辅。为保证混凝土泵送工艺的顺利进行，对大跨径钢管混凝土拱桥，需按实际泵送距离和高度进行模拟混凝土压注试验。钢管混凝土的泵送顺序应按设计要求进行，宜采用先钢管后腹箱的施工程序。

二、悬索桥施工

(一) 锚锭施工

1. 锚锭体基础

锚锭的基础有直接基础、沉井基础、复合基础、隧道基础等形式。

2. 主缆锚固体系

根据主缆在锚块中的锚固位置不同，主缆锚固体系可分为后墙式和前墙式。前墙式的索股锚头在锚块前锚固，通过锚固系统将缆力作用到锚体；后墙式是将索股直接穿过锚块锚固于锚块后面，前墙式由于具有主缆锚固容易、检修保养方便等优点而广泛运用于大跨径悬索桥中。

3. 锚锭体施工

悬索桥锚锭属于大体积混凝土构件，混凝土施工阶段水泥会产生大量的水化热，引起变形及变形不均，从而产生温度应力及收缩应力，当应力大于混凝土本身的抗拉强度时，构件就会产生裂缝，影响混凝土质量。因此，水化热的控制是锚锭混凝土施工的关键。

4. 隧道锚锭混凝土施工特点

隧道式锚锭在隧道开挖时应采用小型爆破，且不得损坏周围岩体。开挖后应正确支护并进行锚体灌筑；在混凝土中应掺入微膨胀剂，防止混凝土收缩与拱顶基岩分离；混凝土浇筑完成后，立即在端模挂草袋保温，将洞口封闭，减少空气流通，达到减少混凝土内外温差的目的；严格控制洞内排水和通风。

5. 散索鞍安装

(1) 底座板定位

底座板通过在散索鞍混凝土基础中精确预埋螺栓而固定在基础上，调整好板面标高与位置，在底板和四周浇筑高强度膨胀混凝土。

（2）安装散索鞍及精度控制

安装好底座板经检验符合要求后，开始安装散索鞍，施工精度要求：纵横向轴线误差最大值3mm，标高误差最大值3mm。

（二）索塔施工

1.混凝土塔身施工

大跨度悬索桥塔身国内主要采用钢筋混凝土塔，国外主要采用钢塔，钢塔施工主要有浮吊、塔吊和爬升式吊机等架设方法。钢塔架制作工艺程序主要包括放样尺寸→冲孔→拼装→焊接→定中线→切削试拼。

混凝土塔柱施工工艺与斜拉桥塔身基本相同，施工用的模板工艺主要有滑模、爬模和翻模等类型，塔柱竖向主钢筋的接长可采用冷压套管连接、电渣焊、气压焊等方法。混凝土运送方式应考虑设备能力采用泵送或吊罐浇筑，施工至塔顶时，应注意索鞍钢框架支座螺栓和塔顶吊架、施工锚道的预埋件的施工。

2.主索鞍施工

（1）主索鞍施工程序

主索鞍施工程序包括安装塔顶门架→钢框架安装→吊装上下支承板→吊装鞍体等。

（2）主索鞍施工要点

①吊装及所有吊具均要经过验算，符合起重要求；②吊装过程必须设专人指挥，中途要防止扭转、摆动和碰撞；③所有构件接触面销孔系精加工表面，必须清理干净，不得留有砂粒、纸屑等，并且在四周两层接缝处涂以黄油，以防水汽侵入锈蚀构件。

（三）主缆施工

1.牵引系统

牵引系统是架设于两锚锭之间，跨越索塔用于空中拽拉的牵引设备，主要承担锚道架设、主缆架设以及部分牵引吊运工作，常用的牵引系统有循环式和往复式两种。

牵引系统的架设以简单经济，并尽量少占用航道为原则。通常的方法是先将先导索渡海（江），再利用先导索将牵引索由空中架设。

索股牵引应符合下列规定：牵引过程中应对索股施加反拉力；牵引最初几根时，宜压低牵引速度，注意检查牵引系统运转情况，对关键部位进行调整后方能转入正常架设工作；牵引过程中发现绑扎带连续两处被切断时，应停机进行修补，监视索股中的着色丝，一旦发生扭转，须采取措施予以纠正；牵引到对岸，在卸下锚头前须把索股临时固定，防止滑移，索股后端宜施加反拉力；索股两端的锚头引入锚固系统前，须将索股理顺，对鼓丝段进行梳理，不许将其留在锚跨内；索股横移时，须将索股从锚道滚筒上提起，确认全跨径的索股已离开锚道滚筒后，才能横向移到索鞍的正上方，横移时拽拉量不宜过大，任何人不允许站在索股下方。

2. 锚道

锚道是供主缆架设、紧缆、索夹安装、吊索安装以及主缆防护用的空中作业脚手架。

锚道的主要承重结构为锚道承重索，一般按三跨分离式设置，边跨的两端分别锚于锚锭与索塔的锚固位置上，中跨两端分别锚于两索塔的锚固位置上。其上有横梁、面层、横向通道、扶手绳、栏杆立柱、安全网等。为了抗风稳定，一般设有抗风缆、抗风吊杆等抗风构件。

中跨、边跨锚道面的架设进度，要以塔的两侧水平力差异不超过设计要求为准。在架设过程中须监测塔的偏移量和承重索的垂度。

锚道形状及各部尺寸应能满足主缆工程施工的需要，锚道承重索设计时应充分考虑锚道自重及可能作用其上的其他荷载，承重索的安全系数不小于3.0。

锚道承重索可采用钢丝绳或钢绞线；采用钢丝绳时须进行预张拉以消除其非弹性变形。预张拉，荷载不得小于各索破断荷载的1/2，保持60min，并进行两次。

锚道架设时总的原则：做到对称施工，边跨与中跨作业平衡，减少对塔的变位的影响，控制裸塔塔顶变位及扭转在设计容许范围内。锚道承重索架设后要进行线形调整，应预留500mm以上的可调长度，各根索的跨中标高相对误差宜控制在±30mm。承重索在边跨与中跨应连续架设。

主缆防护工程完成以后，可进行锚道拆除工作，拆除时严禁伤及吊索、主索和桥面。

3. 主缆架设

锚锭和索塔工程完成、主索鞍和散索鞍安装就位、牵引系统架设完成后，即可进行主缆架设施工，主缆架设方法主要有空中纺丝法（AS 法）和预制平行索股法（PPWS 法）。美国和欧洲等国家和地区主要采用 AS 法，中国和日本等亚洲国家主要采用 PPWS 法。

PPWS 法是在工厂将钢丝制成束，用卷筒运至桥位安装在一侧锚锭的钢丝松卷轮上，通过液压无级调速卷扬机用拽拉器将钢丝束吊起拉向对岸，对牵引系统所需动力要求较大。

钢丝束的张拉、移设就位、固定作业和调整作业对每束钢丝束都要进行，最后用紧缆机将钢丝束挤紧为圆形，成为主缆。施工工序主要包括牵引系统及机具布置、主缆索股牵引、索股整形入鞍等。

AS 法的特点是主缆钢丝逐根或几根（一般最多 4 根）牵引，然后编束，相对于 PPWS 法，所用的牵引机械动力较小，而且可以编成较大的索股，因而锚头数量较少，但其设备一次性投资较大，而且制缆的质量相对 PPWS 法差些，空中作业时间较长。

安装索力的调整以设计提供的数据为依据，其调整量应根据调整装置中测力计的读数和锚头移动量双控确定。

4. 紧缆

索股架设完成后，需对索股群进行紧缆，紧缆包括准备工作、预紧缆和正式紧缆等工序。

预紧缆应在温度稳定的夜间进行，预紧缆时宜把主缆全长分为若干区段分别进行，以免钢丝的松弛集中在一处。索股上的绑扎带采用边紧缆边拆除的方法，不宜一次全部拆除。预紧缆完成处必须用不锈钢带捆紧，保持主缆的形状，预紧缆的目标空隙率宜为 26% ~ 28%。

正式紧缆宜用专用的紧缆机把主缆整成圆形。其作业可以在白天进行，正式紧缆宜向塔柱方向进行。当紧缆点空隙率达到设计要求时，在靠近紧缆机的地方打上两道钢带。

正式紧缆质量控制要求：空隙率须满足设计要求，空隙率偏差为 ±2%；不圆度（紧缆后主缆横径与竖径之差）不宜超过主缆设计直径的 5%。

紧缆作业程序包括索股架设完成→锚道门架、牵引系统拆除→简易缆索天车组装→主缆引进部位临时紧固→主缆引进设备解体→预紧缆→紧缆机组装→正式紧缆→紧缆机解体→形状计测。

5. 索夹安装与吊索架设

索夹安装前须测定主缆的空缆线形，提交给设计及监控单位，对原设计的索夹位置进行确认。然后在温度稳定时在空缆上放样定出各索夹的具体位置并编号，清除油污，涂上防锈漆。

索夹在运输和安装过程中应注意保护，防止碰伤及损坏表面。索夹安装方法应根据索夹结构形式、施工设备和施工人员的经验确定。当索夹在主缆上精确定位后，即固紧索夹螺栓。紧固同一索夹螺栓时，须保证各螺栓受力均匀，并按三个荷载阶段（索夹安装时、钢箱梁吊装后、桥面铺装后）对索夹螺栓进行紧固，补足轴力。

索夹安装应注意测量放样、索夹上架与清理、安装与紧固和螺栓轴力控制等，安装时中跨从跨中向塔顶进行，边跨从散索鞍向塔顶进行。

吊索根据其长度不同，由塔顶吊机运至塔顶解开，用托架运至预定位置，并在锚道上开孔，吊索钢丝绳穿过徐徐放下，将吊索钢丝绳跨挂在主缆索夹上。

吊索运输、安装过程中应保证吊索不受损伤，安装时须采取措施防止吊索扭转。

（四）加劲梁施工

1. 加劲梁架设

钢桁架加劲梁按架设单元可分为单根杆件、桁片、节段架设施工方法。单根杆件架设使用小型施工架设机械，受施工架设地形影响小，但现场接头多，架设工期长；桁片架设法使用中型施工架设机械，受施工架设地形影响小，现场接头少，架设误差小，可以缩短工期；节段架设施工方法架设质量大，要使用大型架设机械，受架设地点的地形和江海面条件影响大，节段一般在工厂预制拼装，可提高架设精度、缩短工期。

加劲梁按架设施工中的连接状态可分为全铰法、逐次刚接法和有架设铰的逐次刚接法。全铰法施工的主梁反应单纯，不需对构件进行特别补强，但架设过程中抗风性能差；逐次刚接法施工架设刚性大，抗风稳定性好，但架设时在加劲桁架中会产生由自重引起的局部变形和安装应力，但该应力超过设计容许值时，需要验算并在必要时采取临时措施；有架设铰的逐次刚接法是前两种施工方法的折中方法，即在应力过大的区段设置减小架设应力的架设铰。

钢箱梁和混凝土箱梁的架设一般采用节段架设法，即在工厂预制成梁段并进行试拼，然后将梁段运至架设现场，用垂直起吊法架设就位。一般使用跨缆起重机吊装，这种方法对通航的限制小，在水文、气象条件较好的地方施工效果好；预应力混凝土箱梁架设就位后节段之间要进行湿接缝处理，节段之间浇筑湿接缝混凝土，根据设计要求穿预应力钢丝束，预应力张拉。

试拼装要求：加劲梁应按拼装图进行厂内试拼装，试拼不少于3个节段，按架梁顺序试拼装。

吊装作业过程中占用江海面时，要在施工作业区域指定警戒，设置警戒船，防止一般船舶进入限制通航的地带，确保作业船与一般航行船舶的安全。

吊装作业施工要点：吊装过程应观察索塔变位情况，应根据设计要求和实测塔顶位移量分阶段调整索鞍偏移量，以保证工程质量和施工安全。安装前应确定安装顺序，一般可以从中跨跨中对称地向两边进行，安装完一段跨中梁段后，再从两边跨对称地向索塔方向进行。钢箱梁水上运输必须由有经验的人员担任。架设前，宜进行现场驳船定位试验，以保证定位精度。各工作面上，吊装第二节段起须与相邻节段间预偏一定间隙（0.5~0.8m），至标高后，牵拉连接，避免吊装过程与相邻节段发生碰伤，影响吊装工作顺利进行。安装合龙段前，必须根据实际的合龙长度，对合龙段长度进行修正。

2.加劲梁节段工地焊接

工地焊接一般是指加劲钢箱梁的工地大接头焊接，钢桁梁一般采用工厂焊接、工地高强螺栓连接施工。

工地焊接应注意控制焊接变形和焊接应力，为减少焊接变形和有利于焊接应力释放，工地焊接的顺序应与工地吊装大致相同，可以以桥跨中间为中心，向桥塔方向分两个工作区同时进行对称拼装、焊接，完成工地焊缝的装配、焊接、探伤、修磨、涂装等工作。工地焊接质量要求高，施工环境差，工艺要求严格，施工前应做好充分准备，编写详尽的施工组织设计；准备好临时机具设备、工作台架、焊接设备、焊接材料、通风设备、防风防雨设备、除锈除尘设备、气刨切割工具等；做好动能配置、用电及消防管理工作，施工时应充分考虑高空、水上作业等因素。

工地焊接主要包括环缝、嵌补段及附件的焊接。环缝焊接是指各梁段之间的箱形横截面的板缝对接，包括桥面板、桥底板、上下斜腹板的板缝对接；嵌补段焊接是指梁内加强结构（加劲肋）的嵌补，包括桥板纵肋嵌补段与桥板的角缝、纵肋嵌补段与纵肋的对接；附件焊接是指附属构件的焊接，包括工作孔、检查小车路轨等的焊接。

工地焊接施工要点：地焊缝焊接前应用钢丝砂轮进行焊缝除锈，并在除锈后24h内进行工地焊接。焊接前应检查接头坡口、间隙和板面高低差是否符合要求，同时检查环境是否满足工地焊接的环境要求，如不满足应采取措施。工地接头焊接时，应注意温度变化对接头焊接的影响。安装时须有足够数量的固定点并保证足够的强度，当工地焊缝形成并具有足够的刚度和强度时，方能解除安装固定点，防止焊缝裂纹及接口处错边量超差。箱内焊接须有通气排尘措施，钢桥上应有安全用电措施，确保施工安全。桥面板和桥底板应使用单面焊双面成形技术，其他结构应尽可能采用高效焊接以减少焊接变形。当箱内采用 CO_2 气体保护焊时，应采取通风防护安全措施。为控制变形，应对施焊顺序进行控制，横向施焊顺序宜从桥面中轴线向两侧焊接，并尽量做到对称施焊。工地焊接头应进行100%的超声波探伤，其中，抽其30%进行 X 光探伤拍片检查，当有一片不合格时，则对该焊缝进行100%的 X 光拍片，纵向加劲肋的对接接缝只做超声波探伤。

第四章　市政供水与排水系统规划设计

第一节　供水系统规划设计

一、给水管网基本理论

（一）给水管网组成

给水管网以经济合理、安全可靠为目标，为居民生活输送生活、生产用水和消防用水，并满足水量、水质和水压的要求，是城市和工矿企业的一个重要基础设施。给水管线与水源、水处理设施、泵站组成给水工程。一般情况下，给水管网以区域为整体进行有组织的敷设，以经济合理的配送路径输送给用户。城市地下给水管网是一个庞大的系统，由输送水管段和各种节点构筑物构成。根据给水工作的原理，给水管网工作包括取水系统、净水系统和输配水系统，并用水泵联系。

1. 取水

为了保证区域用水量，需从天然水源中取水，建造适宜的取水构筑物。天然水源包括地表水和地下水两种。

2. 净水

水源中往往含有各种杂质，如地面水常含有泥沙、水槽腐殖质、溶解性气体、各种盐类、细菌和病原菌等；地下水常含有各种矿物质盐。由于居民用户对水质的要求，必须对水源进行净水工程才可输送给居民。对水质进行处理的各种构筑物是整个给水网络系统中的重点，这些构筑物担负着对水质进行处理的重任，必须经过这些节点的处理才能将合格的水输送给居民。

3. 输配水

天然水质经过净水处理后，需经过输配水工程才能将净化后的水源输送和发配给居民用户，并保证水压和水质。输配水系统是整个给水管网系统的核心，其主要组成包括送水管、配水管、泵站、水塔及其他节点设施。

输水管是连接水源地和配水管网的管段，其不直接服务终端用户，在布置输水管道时，如果是短时间可以切断给水或者区域内有出处水源提供给水的工程可只布置一条输水管，不满足以上条件的一般要布置两条或两条以上，条件允许时，输水管段最好沿现有道路进行布置，考虑到成本和工程可行性，要尽量避开山区、水域等条件困难的区域。就配水管网来看，其任务主要是为用户输送来自输水管的水，结合用水地区的地形，同时根据最大用水户分布情况，在场地规划的基础上展开布置。配水管网中包括干管与支管，前者主要向各分区输水，后者主要将水分配到用户。

对配水干管的路线进行规划时，要以距离最短且给水量最大为目标，在进行整体布局规划时，要把网路中用水量最大的用户放在网络中的最前端，以此减小输水的距离和成本。

水塔是负责对给水原站中的水池容量进行调节的构筑物，其主要作用是调节给水网络中的给水平衡，因给水技术等原因，给水在每日不同时间段的需求量不同，用户情况越复杂，变化的幅度就越大，这就出现了供需之间的矛盾。而水塔或高低水池可以调节整个给水网络中的水量：用水高峰时段，可将蓄水补充到管网之中；在平峰时段，可将管网中超过需求量的水储存起来，以此起到调节管网中水量平衡的作用。

（二）场地给水系统

场地给水系统的布置要服从场地总体规划、水源地划分、地质地貌、施工条件、水质要求等。常见的几种形式如下：

1. 重复使用给水系统

某些工业用水污染程度较低，可用作其他工艺工程的生产用水或可经处理后重复使用。该系统可大幅减少工业用水对水源地的需求。

2. 循环给水系统

某些工艺流程中包含对水的处理程序，这些水经处理后循环用于生产，在循环过程中消耗的水量约为5%，由新鲜水进行补给。这种系统称为循环给水系统。

二、供水系统需水量预测及水源选择

(一) 需水量预测的意义

城市需水量预测对于城市供水规划与设计具有极为重要的意义。城市的需水量为维护整个城市正常的物质循环、信息交换和能量流动提供着必需的水资源总量，是城市发展的血脉、人民生活的根基。然而，我国正处于经济发展的高速阶段，城市用水的需求量会随着城市基础设施的完善而不断上升，很多城市现有水资源和供水设施不能满足城市的用水量，供需矛盾的问题逐渐升级。合理准确地预测城市未来发展所需的水量，能够更加可靠地指导城市未来供水设施的建设，为解决面临的用水危机和经济可持续发展发挥重要的作用，因而需水量预测的研究一直是我国供水行业重要的课题。

(二) 需水量预测的原则

需水量预测要遵循供水与区域社会经济发展相适应；需要与可能相结合，保证重点，统筹兼顾；按不同分区、不同行业用水量区别对待等原则，推行科学用水、节约用水，保持水资源的可持续利用和发展。需水量的预测同时要考虑人民生活水平的提高对水环境质量的要求，并且根据规划水平年的人口、产值、发展状况等指标进行外延预测。科学合理的需水量预测是工程建设的重要依据。

(三) 用水量预测概述

给水管网系统运行控制决策要在控制进行前提出，是基于实测或估测的系统状况和用水量的基础制定的。其可分为长期预测和短期预测，其中长期预测是根据城市经济的发展和人口的增长速度等诸多因素对未来几年、几十年，甚至几百年后整个城市用水量预测，作为城市改扩建及整体规划的依据。短期预测是指根据过去几天或几十天内用水量的记录数据并考虑各影响因素对未来几小时或一天用水量作出预测，为给水系统优化运行提供依据。

用水量预测的方法可以分为回归分析法和时间序列分析法。其中，回归分析法可以使用线性回归模型、非线性回归模型和组合模型来分析；时间序列分析法分为自回归模型、滑动平均模型、自回归滑动平均模型、求和自回归滑动平均模型、指数平滑法、增长率统计分析法和混合预测法。

建立预测模型首先要用水量数据模式识别，识别时间序列的基本特征，包括平稳性、趋势、季节性、交变性和随机性等。数据的基本特征识别以后就可以采用相应的方法，选择相应的模型。其次要寻找模型的最佳参数，其目的是使总的误差平方和最小。最后要对模型的有效性进行检验，验证模型是否有效。

(四) 水源选择与水资源平衡研究

1. 水资源分析概述

合理地选择水源及科学地进行水资源分析论证是保障城镇供水安全的必要前提。水资源的供需平衡分析更是供水规划的关键技术点之一，如果本地的水资源不能满足该城市的需水量，则必须提出满足水资源平衡的对策。因此，应对城市水资源进行合理、科学的规划，倡导开源节流的思路，加强水资源的可持续利用。

首先，应做到统筹规划，保护城市水资源。积极进行水资源评价工作，以维持水资源生态平衡为原则，协调城市各类用水之间的矛盾为根本出发点，制定水资源利用、开发及保护的相关法律法规，为城市供水安全起到保护作用。

其次，降低水资源污染，限制地下水开采量。对于距离水源近的工业企业进行污水排放检测，严格加强工业企业污染排放管理。对于地下水的开采应严格控制，加强审查制度，保护地下水资源平衡。

最后，加强居民保护水资源及节水意识。加强宣传，鼓励采用生态节水型的农业、工业设备，对于严重用水超标的单位应加收水费；鼓励工业企业使用循环再生水，加强"一水多用，废水再用"的理念。增强全民的忧患意识，提倡节约生活用水，推广节水型卫生设备。

2. 水源选择的主要原则

水资源的分类：可供城市利用的水资源主要分为地表水源、地下水源以及其他水源等。地表水源主要包括江河湖泊、水库等。地下水源包括地下潜水、承压水、泉水等。其他水源包括海水、雨水、冰川等。城市的水源选择应根据水资源的分布情况合理规划，在满足水量的基础上，保障水质的达标以及供水安全的可靠性。水源选择是一个系统工程，一方面应考虑供水安全以及技术经济性，另一方面应考虑水源的水文、气象、地形、地质等一系列因素。总的来说，应遵循以下原则：①选择水质良好、水量充足的水源。②选择满足城市高程、供水水压，尽量选择城市上游、满足减少能耗的原则。③选择地势平坦，满足施工要求，方便建造取水构筑物的原则。④选择不易发生地质灾害的水源地。

3. 水量可利用性

在水资源平衡分析中，水量的满足是保证城市供水最基本的因素。水源水量可利用性的分析直接影响着该水源是否能够作为城市供水水源的第一因素。一方面，水源的来水量应满足城市需水要求，另一方面要求再截留利用一部分水资源的同时不影响下游取水构筑物或用水的正常运作。

如果水源地过量开采，就会直接影响下游取水工程，造成水资源失衡，严重破坏生态环境，因此，水源地的水量分析非常重要。地表水状况分析一般用供水保证率以及水量来供比两个指标确定。所谓水量来供比，是指水源地来水量与城市供水量的比值。其指标分为三个等级，来供比值越大，说明水资源的可利用性越强，但其指标也应控制在一定的安全供水水量指标的基础上。供水保证率分为五个等级，一级供水保证率最高，水资源的可利用性高。

(五)调蓄构筑物在管网运行中的重要性

在给水系统中，调蓄构筑物具有贮水、调节管网流量和水压的重要作用。在用水需求较低的情况下蓄水，用水需求高的情况下作为水源防水，可以有效保证用户水压稳定和水量满足。尤其是在高差较大的山地城市，由于地形的原因，管网成环的难度加大，使用供水管网的可靠性降低，在枯水期水量较低的情况下要达到较高的供水保证率，就必须保证水源具有充足的来水量。城市水库的建造不仅可以满足这一要求，还能起到防洪排涝的重要作用。因此，在水源地建设水库，对于达到调蓄作用保障供水安全起到重要的作用。

三、供水管网的设计

(一) 管网设计的原则

(1) 在城市总体规划要求指导下，统筹规划，合理安排；在保证安全供水的原则下，尽量做到节省投资，以充分体现工程的社会效益、环境效益、经济效益。

(2) 充分考虑节能效益，根据输水管道所经过地形地貌的特点，合理布局，优化系统方案。

(3) 输水工程系统设计力求管线布置科学合理，尽量减少管线的长度，在保证工程造价最低的同时，力求运行电费最省，并尽量减少中途提升泵站的数量。

(4) 学习借鉴国内外相关工程的经验，根据水厂设备实际运行情况，做到设计造价合理、运行经济。

(5) 在确定输水系统和管网系统存在方式和安全性的同时，要靠提高自动化的控制水准来保证供水的安全可靠。

(6) 积极慎重采用新技术、新材料和新设备，做到技术先进，安全可靠，保证水质，经济合理，可操作性强，易于维护和管理，达到目前国内先进水平。

(二) 供水管网系统管材的选择

1. 管材选择的原则

单线铺设工程，具有输水安全性要求高、流量大的特点。因此，在管材选择上有着极高的要求，要在满足输水安全的前提要求下，本着施工方便、供货快捷、资金节约的原则，并结合与其相似的输水工程的管材使用情况，根据该地区的气候特点、地区地形和地质条件等选择适合的管材。另外，由于有些工程需多次穿越障碍，对管道强度要求也较高，应对各种管材综合比较后做出合理选择。

2. 各种管材的经济技术比较

根据管材性能的比较，结合工程的水质、供水特点、泵站出口压力和长距离输水的特点，确保电厂生产用水安全可靠，初步选用 PE 管、玻璃钢夹砂管、钢管、球墨铸铁管、聚乙烯涂覆钢管进行经济技术比较。

3. 供水管网系统管道附属设施

设计时考虑输水的安全性，在输水管道上的隆起点以及倒虹管路上、下游两侧，需要设置排气阀和进气阀，这样可以将管道内的空气及时排除，使管道内不发生气阻现象，同时在发生水锤效应和放空管道时及时引入空气，进而防止管道内负压的产生，保证管道可以正常运行。平直管段平均 1km 设置 1 个进气阀和排气阀。

泄水阀应设置在管道的低凹地带，并直接接入低洼或者河沟处。当水流不能自然排除时，应设置集水井，并用提水器具将集水井处多余的水排除。泄水管也应设置在低凹地带，其管径要求一般为其输水管道的 1/3。

阀门是用来调度输水管道中水流的流向和流量的，是输水管道的重要组成设备之一。事故发生时，阀门起到紧急抢修、迅速隔离事故管段的作用。

（三）输水管道方案的确定

1. 输水管道定线原则

输水管道定线就是选择并确定输水管线线路的走向和具体位置。输水管道定线时，必须考虑供水安全、施工安全、节约劳动力，选线时采取就近原则，要符合城市规划并沿街定线，这样便于施工和检查维修。输水管线的铺设应少占农田，并减少与公路、铁路、河流的交汇。其管线要避免穿越高地下水位、河水淹没与冲刷地区，还应避免穿越滑坡、岩层、沼泽和沉陷区，这样便于管理并降低成本。对方案进行经济技术分析，进而确定管道的管径、长度和走向。

2. 输水管道单双管确定

输水管道可选择单管铺设也可以选择双管铺设，为保证供水安全可靠，一般要设置两条或两条以上的输水管。如果输水管线较长且较复杂，就应该选择两条或两条以上的输水管线。相反，如果输水管线较短且比较简单，就可以选择单管铺设。

（1）输水管道埋深设计

综合考虑输水管道的防冻深度和安全的各项要求，管道的覆土厚度是随着其穿越障碍的要求、管道的局部水头损失和地形变化、冻土深度而进行相应变化的。

（2）输水管道附属设施设计

①分段阀门

管路上安装分段阀门是为保证充足的充水时间而设，除此之外，还可以在事故发生时，保证在抢修过程中缩短泄水时间，减少弃水现象的发生。

②松套传力接头

传力接头是通过螺栓将分段阀门与管道连接在一起使其成为一个完整的整体，是分段阀门与管道相连接的必要手段。其有一定的位移，可根据实际情况进行部分调整，使其在工作时可以将沿管道轴线的推力送达整个供水管道中，进而可以对管道上所安装的阀门起到一定的保护作用。

③排（泄）水阀

为了保证在管路进行事故抢修时能将管道中的水迅速排出，在管道的适当低处设置必要的排（泄）水阀门。阀门口径根据排水量和排水压力，可采用 DN200 闸阀，间隔 2～3km 设置 1 个泄水阀。设计时尽量考虑泄水管直接接至道路排水井中，泄水时自流排出。

④进、排气阀设计

管道内气体多产生于管道充水前和管道事故维修后。而进、排气阀就是为了排除管道内的气体而设置的，其作用是保证管道可以正常使用，防止爆管。因此，在管道的适当位置必须设置排气阀门。

进、排气阀的设计安装位置，除了在管路的所有高点外，还在平直管段每隔约 1km 设置一个。

⑤防水锤设计

水锤也称为水击，是供水管网在输送水的过程中，因为水泵的突然停止、阀门的突然关闭或开启、导叶的骤然启闭而导致水流的流速发生突变，进而使管道压强产生大幅度波动的一种现象。由于管壁光滑，后续水流在惯性的作用下，水力的速度达到最大并且产生一定的破坏作用，这就是水力学当中的水锤效应，也就是正水锤；相反，则称为负水锤。由于水锤所产生的影响，因此在输水系统设计时应考虑水锤压力的影响。在输水管道中通常发生的多为瞬间关闭管道末端阀门而引起的水锤压力，如线路阀门、排污阀门等关闭均能引起管道水锤。如不采取消除水锤措施，管路系统中水锤压力过高，超过管道及附件的实验压力时则会引起管道及附件的破坏。同时，管道中一些高点由于距供水压力线较近，平时压力较小，一旦出现供水中断很可能会出现"水柱拉断"，此时管线可能会受到负压及随后高压的影响，从而产生管道失稳而破坏。

3. 输水管道巡查和维护

为了维持输水管道的正常输水能力，保证安全供水，降低运行管理费用，必须在管道投产后做好日常的养护管理工作，精心维护、科学管理，根据生产用水的需要及时调整，最大限度地发挥输水能力，经济合理地完成供水任务。

管道巡查是加强输水管道运行管理的一项日常工作，是预防管道故障的积极措施，这项工作应由专人周期性检查。工作要点如下：

（1）掌握管道现状及长期运行状况。培训职工掌握检修操作规程，避免由于操作不当而引发事故。

（2）沿输水管道应设桩点，标上明显标记，查看输水管道、阀门井、排气阀、泄水阀等有无被埋压、被挖损的情况，特别对道路翻修、基本建设施工的区域应密切配合。

（3）安装于套管内的管道是否完好，有无漏水现象。

（4）通过管道的巡查可以对输水管资料进行校核、修补，这也是完善输水管道资料的重要途径。

（5）由于地貌的变迁，埋于地下的管道不易找到，可借助电子探管设备寻找管位，确定埋深。

（四）配水管网方案的确定

1. 配水管网设计原则

配水管网是城市建设的基础设施，无论是在国内还是在国外，都是一定的。配水管网兼顾发展、投资适宜、供水可靠的原则，其供水系统主要采用环状管网，部分地段采用支状管网，这样环状与支状相结合的设计足以保证供水系统的完整。

供水管网应沿着现有管网及规划的道路布置，采用环状管网向用户供水，当任何一段管道发生故障时，仍能通过 70% 的设计水量，保证安全供水。在此基础上，配水管网设计应遵循以下原则：

（1）充分结合城市总体规划，合理设计生活用水水量。

（2）系统设计应从实际出发，通过对其进行经济技术的综合考虑来进行规划，并考虑其地形、水源、用水需求等。

（3）结合城市给水管道现状及城市总体规划，分近远期设计给水管网。

（4）生活给水管道干管布置在两侧均有较大用水的道路上，以减少配水支管的数量。

（5）结合规划道路布置给水管道，尽量与道路同期施工。

2. 配水管网设计

管线布置合理，采用较短的距离来铺设管线以降低成本，也可提升供水的可靠性和安全性。对于给水干管采用环状布置，当任意管道产生漏损时，可就近关闭阀门使其与其他管线隔离，这样便于检修，水可以从另一管段输送至用户，避免对用户用水造成影响，进而缩小断水面积，加大供水的可靠性。环状管网也可以减少水锤效应产生的影响。在干管与支管分接处设置阀门，在干管上一般每隔 400 ~ 600m 设置一个阀门，阀门间距不应隔断 5 个以上消火栓。管线最高处易积存空气，应安装排气阀，管道最低处设泄水阀，泄水入雨水管道，以便检修时放空存水，同时增设测流和测压井等设施。

给水管道过河：如果河底标高低于管道且不能满足相应要求，给水管道需做下弯处理。供水管线在穿越繁忙的交通道路时，应设置混凝土套管，套管的直径根据实际情况而定，其具体要求：大开挖施工的情况下其套管管径应该比给水管的管径大 300mm，在顶管施工的情况下套管的管径应比给水管的管径大 600mm。穿越公路的时候应采取满撼砂处理，水管的灌顶应在公路的结构层以下 1.5m 左右的位置。

（五）管网平差

供水管网设计的好坏，决定着城区未来的发展，供水管网功能决定城市未来发展，这就意味着管网设计是否合理对城市未来的发展起着决定性作用。管网设计的合理化可以通过平差来计算。管道平差是对每个管段的流量进行重新分配，直到可满足两个方程组的水力计算过程。管网平差为管道的设计规划、扩建、改造提供合理化的方案，可以科学指导管网测流、测压和水质监测点，可以优化各监测点的位置。经过对管道的平差计算，可以模拟管道运行的工作状况，进而制订更为合理、经济和科学的调度方案。

(六) 管网压力的确定

管网压力是在保障供水正常的前提下，通过对管道加装部分调压设备，根据各个时段用水量的变化来调节管道压力，使其可以在最好的条件下运行。管网压力管理是减少供水管网漏损最为快速、有效的主动控漏方法，必须选择合适的管网压力并做好压力管理。

目前，城区给水管网的压力虽然在一般情况下能够满足用水需求，但到夏季用水高峰时，随着用水量的增加，再加上工业区部分管网为支状管网，压力稍有增高，便容易发生管道破裂、跑水，造成水量减少，从而影响居民正常生活用水和企业生产用水。随着城市供水管网规模的扩大，漏损管理越来越受到重视。由于管道压力的增大而造成的管道漏损情况逐渐显现出来，因此在配水管网设计的时候，应长远考虑，选择适合的管道压力值，确保管道的使用寿命，进而减少未来管道漏损情况的发生。

第二节　排水系统规划设计

一、下穿立交道路地表排水系统设计

(一) 城市道路下穿立交桥概述及特点

下穿式立交，是当两条道路交会时，为避免相互干扰，将其中一条道路的高度降低 2~8m，从而可以穿过另一条道路的下方，实现空间上的多维化，充分利用空间上的维度，大幅度节约占地面积。城市下穿式立交可以分为互通式和非互通式，一般城区道路与道路的交叉互通为互通式，而铁路与城区的交叉为非互通式。因下穿式立交占地面积小，具有对周围环境影响较小且不影响城市美观等优点，故主要建设在城市车辆交会流量大、用地紧张的交通要道，从而实现现代化道路设施建设。

此外，下穿式立交桥引道部分长度仅占上跨式立交的2/3，使工程的造价降低，在建设过程中对噪声的控制也相对容易。另外，在下穿式立交桥上过往车辆交叉而行，增大车流量的同时也增加了交通安全度。在我国，下穿式立交桥的数量在已建成的立交桥中占比高达3/4，这也充分说明下穿式立交桥符合当代社会的发展需求。但是在暴雨时期，下穿式立交道路最低点极易迅速形成积水，这一重大弊端制约着下穿式立交道路的发展。

(二) 城市道路下穿立交排水系统特点

立交排水系统是道路立体交通不可或缺的一部分，是立体交通能否高效运行的决定性因素之一。立交排水系统主要包括上跨桥面排水、道路路面排水、下穿式道路地表排水、下穿式道路下排水及立交绿化区域排水五大方面。根据往年暴雨发生时的城市内涝状况分析，下穿式道路排水是整个立交排水系统中至关重要同时也是最复杂的环节。

在理想状态下，下穿式立交排水系统的作用是在降雨甚至是暴雨时，有能力将立交区域服务范围内收集的雨水排除，保障城市道路安全、顺畅、高效运行。一般来说，城市下穿式立交道路两边的引道纵坡坡度很大，下穿段标高比正常路面低 7 ~ 8m，在下雨天，引道处的雨水快速汇集，所以最低点几乎是逢水就涝。现阶段立交排水的设计标准虽然普遍高于常规排水设计，但是已经难以满足下穿道排水的需求。

由于下穿式立交通常设置在城市道路咽喉部位，道路上车辆多、速度快，加大了对后期排水系统设施养护和管理的困难及成本。此外，下穿式立交周边的道路标高往往高于下穿式立交道路本身，容易造成地势相对较高的雨水流入地势低的区域，导致低区的雨水还未排除，高区的雨水相继涌入，增大排水难度，所以采取防止高区的雨水流入低区的措施很有必要。

当下穿式立交路段最低点在地下水位以下时，地下水就会渗透进下穿地道。若不及时采取措施，长期在水中浸泡的路基则会软化，路面遭到破坏。因此，地道结构设计应有可靠的防水排水措施，避免路基和路面遭到破坏。

(三) 城市下穿道路立交排水系统设计方法及原则

1. 下穿立交排水方式

在选择排水方式前，应优先考虑排水的安全性、可靠性、施工是否方便，在满足质量的前提下造价是否低廉等因素，最后综合考虑以上因素来确定下穿立交排水的方式。

下穿式立交排水方式可分为以下三种：重力排水、调蓄排水及泵站强制抽排，也可以采取两两组合的方式或三种组合的方式。在设计过程中，应根据工程的实际需要，多方面考虑后选择最适合的方式。

2. 下穿立交排水的适用范围

若下穿道路的地面径流能够通过重力排出，则采取重力排出；若无法自流排出，则需要增设泵站。

（1）重力排水

当下穿立交道路的最低点标高高于市政排水管网或高于附近的河流、自然水体或沟渠时，则优先采用重力（自流）排水将雨水排除。这种排水方式不使用电力，也不需专门的人员监管，是三种方式当中最经济可靠的一种排水方式。因此，在下穿立交排水系统设计过程中，一般优先考虑重力排水（自流排水）的方式。

在设计时，应当充分考虑市政管道的排水能力进行计算。若不能满足不利情况下的雨水量，应增大管道的直径，增大排水的能力，严格核准市政管道标高等，防止暴雨时出现雨水倒灌的现象。

（2）调蓄排水

从功能上区分，调蓄池可分为两种类型：一种是拦截存留污水管道溢流出来的污废水和污染性较大的初始雨水。这个时期的雨水由于囊括了空气中的酸性气体，如二氧化硫、三氧化硫等气体，还有燃油交通工具等排出的污染性气体，而且雨水落地后直接携带地面上的杂质，使得初始雨水掺杂着许多有机物、病菌和固体杂质等，所以对于进入下穿立交道路的初期雨水的收集是不可避免的。另一种是当雨水量超过设计重现期时，暂时留存径流的高峰流量，待停雨或雨量减小时，再将存留的雨水进行利用。这样既可以减小下游管道和河道的排水压力，也可以保障排水系统的安全和高效运行，在此基础上，还能节约水资源。

当下穿桥下路面的地形为较深的盆地、管道或水位高于桥下最低点、雨水量较大重力排水无法全部及时排出时，可以先将雨水流量引进雨水调蓄池暂时贮存，避开雨水洪峰时期，待雨水量降低或停雨后，即水体高度回落后，再通过重力排水的方式将雨水排出。但下穿式立交道路一般位于城市道路中重要的交通线路，必须核验调蓄池容积的大小，且最大不宜超过1000m³。另外，根据实际工程选择合适的位置布置蓄水池，使下穿立交道路的雨水管道的雨水流入蓄水池，并且蓄水池能够接入市政干管或附近河道排出。由于用地受限且日常管理费用较高等原因，所以在我国前期使用的范围较小。而在德国、丹麦、日本等国家，雨水调蓄池已经被广泛实践。近年来，我国对于雨水调蓄池的应用也日趋成熟。

（3）泵站强制抽排

当城市下穿立交道路的雨水不能通过重力排水或重力排水能力不足，并且附近也无适合修建调蓄池的地方或排水效率不高时，可以通过泵站强制抽升排水。雨水泵站通常被置于给排水管道系统以及一些无法自流排水的城市道路，从而将城市雨水顺利排除，因此立交雨水泵站在排除雨水当中显得尤为重要。虽然立交雨水泵站的规模相对于城市雨水系统泵站小，但这并不意味着对其技术要求不高。相反，我们需要结合实际工程精准地确定泵站的位置、泵房形式、泵的类型，并且完善运行维护管理。

泵站能否最优运行，能否将雨水顺畅地排除，能否减少工作人员的投入达到高程度的自动化，能否降低管理成本将是本书需要着重研究分析的问题。综上所列的排水方式中，我们应根据安全、可靠、经济等原则来选择最优的排水方式，设计出最优的排水系统。

3. 设计规范原则

城市立交雨水排水系统的主要任务是排除雨天形成的地表径流和影响立交道路的地表水。一般情况下，不考虑降雪的影响，但针对少数有特别大量的降雪情况，应就其雪融流量进行校核。

虽然下穿立交雨水排水系统设计与城市雨水排水系统设计原理相同，但是由于下穿立交雨水排水的特殊性，即保证下穿式立交范围内的雨水能够快速排除，防止下穿道最低点形成积水的现象发生，在设计过程中应遵循以下原则。

（1）对雨水进行分区排水，下穿式立交桥应分区排水，也就是应采取方法措施阻止高区雨水进入低区并尽可能降低低处的排水压力。各排水系统之间应保持隔离，不应相互连通。

（2）应综合考虑道路路面材质、粗糙度、道路坡长、坡度等因素，并且通过计算确定地面集水时间，一般在 2 ~ 10min。

（3）下穿道路内的雨水尽可能用重力排水，不能重力排除的，则设置泵站抽水，但应尽量减小泵站的汇水面积。由于泵站在下穿道最低点，容易在暴雨时被淹没，因此在设计时，还需要着重注意其安全性。

（四）城市下穿道路排水系统关键参数设计

1. 雨水量计算方法

（1）重现期

设计重现期是雨水管渠设计的关键指标，是指在某个特定的统计期内，等于或大于某暴雨强度的降雨每发生一次的平均间隔时间。规定雨水管渠设计重现期的选择应根据汇水地区性质、地形特点、城镇类型、气候等因素经技术经济比较后确定。

强调设计重现期应根据汇水地区性质等因素确定，而汇水地区性质是指各个使用功能不一样的区域，如大型广场、主次干道、工业区和居住区。这就意味着设计重现期的设定主要由雨水管渠地面上的建筑物的性质决定，并不取决于雨水管渠的自然属性和等级。由于过去我国社会经济发展较为落后，重现期的设计标准较低，并且近年来，极端天气频发导致城市内涝、山体滑坡也是频频发生，重现期的设计标准明显已经不能满足现今社会经济的发展。

虽然我国目前的重现期设计标准相较于发达国家与地区还相对落后，但重现期设计标准的提高要符合我国社会经济的发展。重现期设计得越大，雨水设计流量就越大，雨水管渠断面越大，排水能力越强，发生内涝的可能性就越小，与此同时，所需的工程造价也会越多，不符合经济效益；反之，如果为了削减工程造价的投入，而一味降低设计重现期的标准，很可能造成排水系统排水不畅，地面形成积水。因此，重现期设计标准的提高是逐渐提升的过程。

(2) 径流系数

径流系数是表征降雨和径流关系的重要参数。径流系数是地面径流量与总降雨量的比值，也就是同一时段内径流深度与降水深度的比值径流系数小于1。地面径流的定义：降落在地面上的雨水在地面流动的过程中，一部分雨水被土壤、地上灌木、植被、洼地或地面间隙拦截，剩余的雨水继续沿地面坡度流行，这一部分没有被拦截下来继续流动的雨水称为地面径流。

雨量径流系数反映：降雨时，某一区域内径流量与雨水量的比值，通常用于估测某一水面单位面积产生的平均径流量。流量径流系数表征：同一水面积内，某一时刻实际径流量与该时刻理论径流量的比值。

(3) 场 (次) 雨量径流系数

场 (次) 雨量径流系数表征的是某一场降雨中地表径流量与全部的降雨量之比。

年均雨量径流系数表征的是一年中所有雨水形成的降雨径流厚度与年降雨厚度的比值，是一个渐进累计的结果。

刚开始降雨时，有部分雨水会被植物拦截，而且由于地面比较干燥，雨水的渗水量大，初期降雨量小于地面渗水量，剩下部分的雨水将全部渗入地面。随着降雨时间的累积，降雨强度增大，降雨量渐渐大于地面渗水量，在地面开始积水并产生地面径流。当降雨强度到达顶峰时，地面径流量增长速度最快。降雨强度渐渐削弱后，地面径流量会随着降雨强度的减小而减小，降雨强度与入渗率相等时，不再产生多余径流，此时地面仍有积水，即仍存在地面径流，直到地面积水蒸发或流入雨水收集设施中，径流才结束。地表汇流在整个降雨过程中呈现的规律：随着降雨量的损失先减小，后增大，然后再逐渐减小。

现今，伴随着气候变化，国家气象部门有关降雨量的纪录一次次被刷新。加之城市化的快速前进，林立的高楼大厦屋顶、沥青混凝土路面、小区广场等不透水面积大幅增加，导致径流总量增多，雨水蒸发量少，城市径流效应随之而来。城市径流效应体现：大面积的不透水材料取代了透水材料，导致地面径流系数增大、初期产流时间变短、径流时间延长、径流峰值增长以及径流总量增大。

由于径流系数的取值受降雨过程、地面覆盖物透水性质、地面坡度、建(构)筑物密集程度以及地面先前湿润状况等综合因素的影响，所以径流系数精确取值是一个比较复杂的过程。通常对于径流系数的取值，采用经验取值的方法。一般根据城市具体位置的降雨量记录，道路硬化面积的数量，地面覆盖种类等确定，但是城市中汇水区域地面覆盖物种类是多样化的，各覆盖物种类所占比例不同，结果是径流系数取值不同。

在城市下穿立交道路路面，其汇水面积一般选用的是沥青或者混凝土路面，所以其径流系数取值较大，排水系统设计标准要相应提高。

（4）汇水面积

利用泵站排水，必须确定合适的汇水面积，在能够自流排水时，将自流排水的范围最大化。遵循"低水低排，高水高排"原则和就近原则，并且在雨水能有效及时排出的情况下，尽可能地缩小汇水面积的范围。城市下穿立交道路的汇水面积通常包括引道、坡道、绿地等，但是由于过去的经济社会发展较为落后，汇水面积的划分往往是通过目测估计和人工粗略划分。此类划分方法得出的汇水面积不精确，汇水面积过大，造成资源经济的浪费；汇水面积过小，汇水能力不足，不能及时将雨水汇流到泵站，导致积水，城市下穿道路尤为严重。

2.地表雨水收集系统

城市下穿立交道路雨水排水系统分为雨水收集系统和雨水泵站。

地面雨水收集设施主要是用来收集流至其服务范围内的雨水然后引流到集水池中。在设计过程中要确定汇水面积和设计参数，注意雨水口的布置和雨水管道的布置。在汇水面积方面，宜遵循"高水高排，低水低排"的原则，尽量在保证能充分收集雨水的同时减小汇水面积，从而减轻雨水泵站的压力。由于城市下穿立交道路的引道纵坡比一般道路大，以至于雨水经过纵坡时流速迅速增大，与管道排水速度几乎一致，甚至超过其流速。在引道上无论是设置横向箅子或竖向箅子的雨水井，效果都不理想，但是在立交两侧设置集水井收集雨水作为辅助手段，配合在下穿路段最低点设置多箅雨水井来收集雨水，可以达到更理想的效果。

在遵循"高水高排，低水低排"原则的前提下，应当进行高水拦截的设计，即在下穿式立交道路引道两端的高水和低水分界处设置道路反坡，防止高水进入低水处。尽量在下穿引道挡土墙上方设置混凝土结构防护栅栏，这样可以合理有效地控制高区地面雨水流至低区，减小低区的排水压力。

由于雨水口在遭遇暴雨时，极易受到路面塑料、落叶等垃圾堵塞，因此要考虑一定的堵塞系数，一般在 1.2～1.5。暴雨时雨水径流速度较快，其排水能力大大减弱。如果仅在下穿道路最低点的雨水口收集雨水，会对最低点的雨水口造成巨大的压力，很可能达不到排水的效果。因此，可以考虑用盖板式雨水沟代替雨水口，但是由于盖板式排水沟本身结构的问题，会对行驶的车辆造成较大影响，所以在车流量很大的下穿立交路面不宜使用。

雨水泵站及时高效地排出收集的雨水是整个下穿立交道路的排水系统最关键的一步。当下穿立交道路的雨水不能通过重力排水或不适宜使用雨水调蓄池时，需设置立交雨水泵站，将雨水排出。一般立交泵站的选址在下穿道最低点附近。由于早期的排水规范中，对泵站是否设置格栅不作要求，早期泵站多数不配备格栅，污水和雨水在进入集水池之前，应先通过格栅将大直径杂质截留，因此当代泵站一般由格栅、集水池、机器间等组成。在实际工程应用中表明，城市下穿道路雨水泵站采用潜水泵在实际应用中取得了良好的效果，可节省一半左右的工程成本且工期可减少至一半左右。而且潜水泵易于安装修理，不易发生安全事故，所需辅助设备数量少，其发生故障的可能性相比其他类型泵站更小。另外，潜水泵泵房与控制室相互分离，噪声小，自动化程度高，减少了工人的投入。

（五）雨水调蓄池

雨水调蓄是雨水调节和雨水储存两者结合的总称。一般来说，雨水调节的主要目的是降低洪峰雨水流量，而雨水存储则是为了能更好地利用雨水，节约水资源的一种方法。在暴雨过程中给雨水提供一个暂时存储的空间，在暴雨停歇后，将存储空间内的雨水通过净化措施，达到各种类型用途所需的水质，如城市景观用水、道路用水、城市绿化用水等。雨水调蓄池不仅能在暴雨时为城市排水防涝发挥其自身削弱洪峰流量的作用，还能将雨水利用起来。

现今，由于大暴雨以及大容量的生活污水和雨水无法全部通过联合下水道系统进入污水厂，所以在下水道中设置雨水调蓄池是很有必要的。

雨水调蓄池按空间维度可分为三类：地下封闭式调蓄池、地上封闭式调蓄池和地上开敞式调蓄池。地下封闭式雨水调蓄池适用于用地紧张且对水质要求高的地方，但是这种调蓄池施工难度大，工程所需费用高。地上封闭式雨水调蓄池安装简易，施工速度快，但因设置在地面上，占地面积大，水质安全难度高，通常需要防冻的功能。地上开敞式雨水调蓄池可以调蓄的容积较大，且费用不高，与地面封闭式调蓄池一样，其所需道路地表面积较大；由于是开敞式，其蒸发量较大，这种调蓄池在设计和后期维护中，要着重考虑其防渗漏的设施，否则后期的维护和修复都会造成巨大影响，维修成本也会大大增加。

随着我国社会经济的发展，城市土地资源利用也越发紧张。在寸土寸金的城市中，在资金到位、技术条件成熟的情况下，建议使用不占用道路路面的地下封闭式雨水调蓄池。当工程只能在地上建雨水调蓄池时，需要通过合理计算设计出雨水调蓄池的容积。此时，调蓄池通常会建在广场、绿地或停车场等区域的下面。

二、城市大排水系统的规划

（一）大排水系统概念与系统构成

已有研究对大排水系统的概念、组成、形式及其与源头减排系统、小排水系统的衔接关系进行了梳理，在此基础上，进一步梳理大排水系统的构成及其与城市相关子系统的衔接关系。城市大排水系统与微排水系统（也称源头减排系统）、小排水系统（排水管渠系统）、防洪系统协同作用，通过内涝风险分析与评估，合理构建蓄、排设施，做好周边竖向控制并预留可接入径流通道，合理构建和衔接四套系统，统筹达到城市内涝防治标准。

（二）大排水系统规划

1.大排水系统规划方法

城市大排水系统规划应贯穿于城市总体规划与专项规划、控制性详细规划、修建性详细规划各个环节，在城市规划过程中，蓄排系统构建应结合当地降雨规律、地形特点及内涝风险等分析，统筹规划，合理布局。

总体规划阶段，应明确大排水系统控制目标，预留和保护自然雨水径流通道及河流、湿地、沟渠等天然蓄排空间，提出用地布局及竖向相关要求。

控制性详细规划层面应细化竖向控制，落实蓄排设施调蓄容积、内涝防治重现期等控制指标，保障蓄排空间及其与周边的竖向衔接。为落实总体规划的要求，弥补控制性详细规划在用地之间、子系统之间指标、竖向衔接性方面的不足，在控制性详细规划编制的全过程，应协调城市专项规划、排水防涝规划、绿地系统规划等专项规划，保障以汇水分区为基本单元，落实和细化竖向及空间布局，保障各子系统的完整性和衔接性，具体来说，应对道路、绿地、水系蓄排设施的蓄排能力、上下游竖向衔接等进行重点分析。

在修建性详细规划阶段及设计阶段，应进一步落实和细化蓄排设施的规模、平面位置及场地高程，保障大排水系统各蓄排设施之间及其与防洪系统之间衔接顺畅。

城市大排水系统构建依赖城市整体竖向、用地规划。在规划阶段，地表蓄排系统应结合当地水文、地形条件及内涝风险等因素，统筹规划，合理布局。设计阶段根据内涝风险分析，评估区域现状排水能力、地表滞蓄及径流路径，确定内涝防治标准，依据场地现状条件选择大排水系统的形式等，然后利用水力计算、模型模拟等手段确定地表行泄通道或大型调蓄设施的规模、竖向关系。

2. 用地、竖向规划衔接

大排水系统构建需要对城市整体竖向、用地进行分析，对不同地区的用地特征和竖向需求进行优化调整。海绵城市专项规划编制要求中提出分析自然生态空间格局，明确保护与修复要求。大排水系统规划也需要明确不同用地的保护、修复、调整。在此基础上，将城市规划用地以竖向规划类型划定三种类型：保护型、控制型和引导型。保护型的大排水系统竖向规划是结合现状地貌进行特征识别和整体保护，对于作为城市排涝水系的沟渠、水塘、河道等加以保留和保护，禁止城市开发建设等行为影响水系防涝功能的正常发挥；控制型的大排水系统竖向规划是利用 GIS 分析现状高程，分析其竖向控制框架和薄弱环节，结合地形、径流汇集路径、道路行泄通道、内涝积水点改造等多种因素进行竖向、用地控制，同时根据城市绿线、蓝线、紫线等的控制要求，优化和完善大排水系统蓄排设施的布局、形式等；引导型的大排水系统竖向规划是为了识别城市的低洼区、潜在湿地区域，结合控制目标和建设需求，通过地形的合理利用和高程控制，以减少土方量和保护生态环境为原则，确定大排水系统规划方案和设施，引导城市规划建设。

3. 专项规划衔接

（1）排水防涝综合规划

①不同降雨情境下城市排水系统总体评估、内涝风险评估等，普查城市现状排水分区。

②城市雨水管渠系统拓扑根据大排水系统方案调整。

③确定城市防涝标准，落实大小排水系统建设目标。

④开展地形 GIS 分析，明确地表漫流路径，优化径流行泄通道。

（2）绿地系统规划

①提出不同类型绿地的规划建设目标、控制目标，如用于调蓄周边雨水的绿地调蓄容积等。

②分析绿地类型、特点、空间布局，合理确定调蓄设施的规模和布局。

③城市绿地与周边集水区有效衔接，明确汇水区域汇入水量，满足可调蓄周边雨水的要求。

（3）水系规划

①充分利用城市天然及人工水体作为超标雨水径流的调蓄设施。

②满足总规蓝线和水面率要求，保证水体调蓄容量。

③根据河湖水系汇水范围，注意滨水区的调蓄功能，与湖泊、湿地等水体的布局与衔接，与内涝防治标准、防洪标准相协调。

（4）道路交通规划

①通过现状调研和模型模拟等方式确定城市积水点的位置、范围。

②明确城市易积水路段径流控制目标。

③道路断面、竖向设计满足地表径流行泄通道的排水要求。

④在保证道路通行和安全的前提下充分利用道路自身和周边绿地设置地表行泄通道。

(5) 城市用地规划

①城市用地适用性评价，大排水系统蓄排设施布局合理及用地调整。

②保留天然水体、沟渠等蓄排空间。

③内涝风险严重区域调整用地。

(三) 已建、新建城区大排水系统规划设计

1. 针对已建城区

针对老城区大排水系统的建设，对现状管网、地表漫流情况等空间和竖向条件的评估尤其重要。部分地区通过道路断面微调实现排水标准的较大幅度提高，而并非需要在所有地区整体对排水管道进行更新改造，或增加建设大型调蓄池 / 调蓄隧道。对于内涝风险较为严重区域应重点进行评估分析，在有条件的地区可以在源头建设 LID 措施，则综合源头 LID、排水管道、道路路面排水会更大幅度地提高区域的综合排水防涝标准。

老城区排水管渠设施已基本形成，如果在短期内进行大规模的管网翻新、蓄排设施建设影响较大，部分老城区也难以一次性达到内涝防治要求。因此，可结合地区的整体改造和城镇易涝点的治理，从源头控制、过程蓄排结合、优化汇水路径、提高排水管渠排水能力、建设超标雨水控制设施等多方面入手，分阶段达到标准。

2. 针对新建城区

新建城区应充分利用城市的现状地形条件，评估地表径流通道，为超标径流预留排放通路，识别保护现状坑塘、湿地、河道等天然蓄排空间，选择内涝风险较小区域进行开发。新区道路建设过程需衔接道路与排水专业，评估道路的排水能力及下游受纳体调蓄能力，考虑大排水系统的相关要求。

三、道路大排水系统设计

(一) 地表径流行泄通道设计

对于地表径流行泄通道，主要有地表漫流 (竖向控制)、道路路面及带状生态沟渠等形式。其中，地表漫流主要通过竖向规划、设计实现，良好的竖向条件作为"非设计地表径流行泄通道"，利于排水防涝。此外，还应重视

道路低点渐变下凹的人行道、小区低洼处底部打通的围墙等的设计，以便于地表径流顺畅汇入设计径流行泄通道及调蓄设施。

对于道路径流行泄通道、沟渠，其设计应根据当地内涝防治设计标准要求，计算该设计标准对应的汇水区域径流总量和排水管渠系统的最大排水量，由此得出需要地表行泄通道排出的径流量，并计算得出该道路最大汇水面积，与实际汇水面积进行比较，由此进行反复校核与设计调整，直至满足设计标准要求。道路路面的排水能力可根据路面积水深度、积水延伸宽度、道路构造形式、横纵坡度等多种因素综合分析计算确定。生态沟渠设计与道路路面排水设计类似，其排水能力计算可采用明渠均匀流计算公式。高重现期降雨条件下（超过沟渠自身设计标准）可能是生态沟渠与道路路面组合方式成为地表径流行泄通道，这时在计算排水能力时需将二者的过流流量进行叠加计算，然后对最大可服务面积进行计算校核。

当汇水面积较大时，建议采用模型模拟分析，模拟城市管网、地表径流行泄通道与周边调蓄空间、末端河道的综合耦合作用。

1.确定地表行泄通道

地表行泄通道的选择应依据当地水文条件、地形地貌分析及不同降雨条件下的内涝风险评估等因素综合确定。

2.汇水区水文分析

汇水区水文分析应包括下列内容：区域降雨资料调研分析；汇水区域总边界、整体竖向、用地构成分析；分析确定汇水区道路路网布局与竖向分析；分析道路作为排水通道时的径流区域范围及其水力特性；分析区域内道路周边可用于设计生态沟渠的绿地布局；分析雨水管道的设计重现期及雨水管道和雨水口淤堵情况；分析其他相关的水问题，如内涝、污染等；明确地表排水方向；明确汇水区关键节点竖向、断面控制要求，如汇流路径交叉点、道路交叉口等。

3.确定径流行泄通道设计重现期与暴雨强度

地表行泄通道承担超过地下管渠系统的超标径流的排放，因此，较高的排水防溃标准是由小排水系统（地下管渠系统）和大排水系统（地表路面/沟渠、调蓄水体等）共同承担，综合作用达到的。

径流行泄通道的设计降雨选择有以下四个步骤。

（1）选择适合的内涝防治设计重现期。

（2）确定超过小排水系统的流量。

（3）确定合适的设计降雨历时。

（4）确定设计降雨的暴雨强度，结合管网重现期确定行泄通道排水设计重现期。

（二）汇水分区划分

我国传统排水规划中排水分区划分一般有流域排水分区、城市排水分区和雨水管段分区，其划分遵循"自大到小，逐步推进"的原则。

1. 划分方法

（1）GIS 数字高程模型 DEM 划分

目前，DEM 是用于流域地形分析的主要数据，主要用于根据流域中河流水系、地形地貌提取分水线和汇水路径，实现地形的自然分割。基于以上分析研究，也被应用于城市环境下的水文特征分析。

（2）实际踏勘人为划分

通过收集城市水系、管网、地形及道路等资料，结合现场目测和人为估计，在 CAD 图或地图上人工勾画出城市排水分区，这种划分方法存在较大误差，不能准确判断雨水汇流路径，精度较差。

（3）模型模拟汇流路径划分

在排水模型中建立 1D 与 2D 模型耦合，分析汇水区时结合管网排水与道路汇流排水路线。在 DEM 数据分析的基础上，分析高重现降雨时径流漫过分水岭的情形，体现雨水管段分区合并的过程，得出超标径流情境下以管网和地表汇流为基础的汇水分区。

2. 不同控制目标对应的汇水区划分

（1）雨水管渠设计标准的排水分区

管网设计重现期对应的汇水区划分，主要以雨水出水口为终点，以雨水管网系统和地形坡度为基础，排水分区相对独立，不互相重叠。地势平坦的地区，按就近排放原则采用等分角线法或梯形法进行划分，地形坡度较大的地区，按地面雨水径流水流方向进行划分。主要采用泰森多边形工具自动划分管段或检查井的服务范围，再根据雨水系统出水口进行合并得到。

（2）防洪设计标准的排水分区

此排水分区为流域排水分区，以地形和河湖水系为主要依据，以河道、行政区界以及分水线等为界线划定，汇水区之间没有公共边，一般情况下是不变的。

（三）蓄排组合设施设计

蓄排组合设施在内涝防治系统中至关重要。蓄排组合设施应以城市总体规划、城市排水防涝规划及海绵城市专项规划为依据，结合降雨规律和暴雨内涝风险等因素，统筹规划，合理确定布局规模。在一个系统中，究竟是采用地下/地面调蓄设施，还是蓄排设施的组合布局，需要具体项目具体分析。根据调蓄设施与排水管渠、径流行泄通道位置关系及运行工况的不同，分为在线式和离线式两种，可根据实际条件选用。

关于调蓄设施的设计，应根据项目条件，考虑兼顾峰值控制、径流污染控制及休闲娱乐功能，其规模可根据调蓄设施汇水面水文计算、设施调蓄水位变化对应的出流口水力计算，得到设施的入流和出流过程线后确定。总结国内外调蓄设施相关计算方法，调蓄设施计算方法主要采用对降雨历时内进出调蓄设施的径流流量与时间积分值的最大值，即在计算径流流量的基础上，通过积分求得不同历时内进出调节设施径流总量差值的最大值。目前，较为精确的计算方法为基于质量守恒定律的有限差分法，分析计算一系列时间步长内入流和出流过程线的差值，从而确定蓄水体积和水面高程变化的过程。

调蓄设施的进水方式一般为排水管渠、地表径流行泄通道等，主要提出一种地表行泄通道与调蓄塘组合的设计方法。其主要核心概念为超过小排水系统排水能力的超标径流流量，采用基于暴雨强度公式的芝加哥雨型/长历时降雨时程分配计算地表径流行泄通道的流量过程线，地表径流行泄通道与调蓄塘顺接，其排放通道末端出口流量过程线即调蓄设施进水流量过程线。行泄通道流量过程线通过地表汇流计算方法获得。调蓄设施设计根据调蓄设施形式、构型和出口结构通过有线差分法演进分析计算获得出流过程线，最大外排流量与开发前相应重现期降雨事件下的峰值流量校核，不满足的可重新调整出水口尺寸或调蓄设施容积，最终满足区域内涝防治标准。

第五章 市政给排水工程的维护与运行

第一节 给水管网的养护与运行

一、监测检漏

(一)给水管网水压和流量测定

1.管道测压和测流的目的

管网测压和测流是管网管理中至关重要的步骤。这些措施有助于系统监测和了解输配水管道的运行状况,包括管网各节点自由压力的变化以及管道内水流的实际情况,从而有利于城市给水系统的日常调度工作。长期收集、分析管网测压和测流数据,并进行管道粗糙系数的测定,可作为改善管网运营管理的依据。通过及时测压和测流,可以发现并解决环状管网中的难题。通过对各段管道压力流量的测定,可以核定输水管中的阻力变化,并查明结垢严重的管段,从而有效指导管网的养护检修工作。必要时,对一些管段进行刮管涂衬的大修工程,以恢复管道的较优水力条件。在新敷设的主要输配水干管投入使用前后,对全管网或局部管网进行测压、测流,还可推测新管道对管网输配水的影响程度。管网的改建与扩建,也需要依据积累的测压和测流数据进行决策。

2.水压的测定

(1)管道压力测点的布设和测量

在进行管网水压测定时,首先需要选择具有代表性的测压点,并在同一时间记录水压值,以便对管网输配水情况进行分析。测压点的选择应真实反映水压情况,并且要均匀合理地布置,以确保每个测压点能够代表附近地区的水压情况。通常,测压点主要设置在大中口径的干管线上,而不宜设置在进户支管或大量用水的用户附近。测压点通常设立在输配水干管的交叉点附近、大型用水户的分支点附近、水厂、加压站以及管网末端等位置。同时进行测压和测流时，可以将测压孔和测流孔合并设置。

在测压过程中，可以将压力表安装在消防栓或给水龙头上，并定时记录水压。如果使用自动记录压力仪，则更加方便，可以生成24h水压变化曲线。测定水压有助于了解管网的运行情况和薄弱环节。根据测定的水压数据，按照0.5~1.0m的水压差，在管网平面图上绘制等水压线，以反映各条管线的负荷情况。通过等水压线标高减去地面标高，可以得出各点的自由水压，从而绘制出等自由水压线图，用于判断管网内是否存在低水压区。在城市给水系统的调度中心，为了及时监测管网控制节点的压力变化，通常采用远程传输的方式将管网各节点的压力数据传输到调度中心。

（2）管道测压的仪表

常见的管道压力测定仪器是压力表。这种仪器能够显示瞬时的压力数值，若配备了计时、纸盘、记录笔等装置，则可成为自动记录的压力仪，能够记录24h内水压的变化曲线。

常用的压力测量仪器包括单圈弹簧管压力表，电阻式、电感式、电容式、应变式、压阻式、压电式、振频式等远传压力表。单圈弹簧管压力表常用于现场显示压力，而远传压力表则通过压力变送器将压力信号传输到显示控制端。

对于管网测压孔上的压力远传，首先可以通过压力变送器将压力转换成电信号，然后通过有线或无线方式将信息传递到终端（调度中心），进行显示、记录、报警、自控或数据处理等操作。

目前，许多自来水公司都配有压力远传设备，采用分散目标、无线电通道的数据及通话两用装置。这些装置能够将管网测压点的压力等参数通过无线遥测系统远传到调度中心，并且在停止数据传输时也可以进行通话。

（3）管道流量测定

①测流孔的布设原则

A. 在环状管网中，每个管段都应设有测流孔。对于较长的管段且引接分支管较多的情况，通常在管段两端各设一个测流孔；对于较短的管段且没有引接支管的情况，可设一个测流孔；如果管段中存在较大的分支输水管，可以适当增加测流孔的数量。通常选择测流的管段是管网中的主要管段，有时也会临时在支管上设置测流孔，以获取配水流量等数据，以便对配水管道进行改造。

B.测流孔通常设置在直线管段上，并且距离分支管、弯管、阀门应有一定间距。有些城市规定测流孔前后直线管段长度为30~50倍的管径值。

C.测流孔应选择在交通不频繁、便于施测的地段，并且应该砌筑在井室内。

D.根据管材和口径的不同，测流孔的形成方法也有所不同。对于铸铁管、水泥压力管的管道，可以安装管鞍或旋塞，并采取不停水的方式开孔；对于中小口径的铸铁管，也可以采取不停水开孔的方法；对于钢管，则可以使用焊接短管节后安装旋塞的方法进行处理。

②测定方法

通常使用毕托管来测定流量，测定时将毕托管插入待测水管的测流孔中。毕托管有两个管嘴，一个面向水流，另一个背对水流，产生的压差可以在"U"形压差计中读取。

在实际测量时，首先需要测定水管的实际内径，其次将该管径均匀分成上下等距离的10个测点（包括管道圆心共11个测点），使用毕托管测量各测点的流速。圆管截面各测点的流速分布不均匀，因此可以取各测点流速的平均值，乘以水管断面积即可得到流量。使用毕托管测量流量的误差通常为3%~5%。

除使用毕托管测量流量外，还可以使用便携式超声波流量计、电磁流量计以及其他新型的流量测量仪器（如电磁流量计），并且可以打印出流量、流速和流向等相应数据。

(二) 给水管网检漏

1.给水管网漏水的原因

城市供水管网的漏水问题非常严重，其中大部分漏水是由地下管道接口的暗漏引起的。多年的观察和研究表明，漏水的原因主要包括以下几点。

（1）管材质量不合格

使用质量不达标的管材会增加漏水的可能性。

（2）接口质量不合格

接口制作不良或质量不过关也会导致漏水问题。

（3）施工质量问题

包括管道基础不稳固、接口填料不当、支墩后座土壤松动、水管弯曲角度过大等，这些都容易导致接头损坏或脱开，埋设深度不足也会造成问题。

（4）水压过高

水压过高时，水管受力增加，增加了爆管和漏水的风险。

（5）温度变化

温度变化会导致管道材料的膨胀和收缩，可能引发漏水问题。

（6）水锤效应

水锤现象可能对管道造成损坏，从而导致漏水。

（7）管道防腐不足

缺乏有效的防腐措施也会加剧漏水问题。

（8）其他工程影响

例如，周围其他工程施工对管道造成的影响也可能引发漏水。

（9）道路交通负载过大

如果管道埋设过浅或者受到车辆过重的动荷载，会增加对管道的压力，容易导致接头漏水或爆管的情况发生。

2.给水管检漏的传统方法

（1）音频检漏法

当水管发生漏水时，压力水从小孔喷出，与孔口发生摩擦，部分能量会在孔口消散，导致孔口处产生振动。听音检漏法可分为阀栓听音和地面听音两种方法，前者用于漏水点的预定位，后者则用于精确定位。

阀栓听音法是指使用听漏棒或电子放大听漏仪直接在管道暴露点（如消防栓、阀门及暴露的管道等）听取由漏水点产生的漏水声，以确定漏水管道，从而缩小漏水检测范围。

漏水声自动监测法是指使用泄漏噪声自动记录仪，由多台数据记录仪和一台控制器组成的整体化声波接收系统。将记录仪放置在管网的不同地点，按照预设时间自动开启/关闭记录仪，记录管道各处的漏水声信号。这些信号经过数字化处理后存入记录仪中，并通过专用软件在计算机上进行分析处理，以快速探测管网区域内是否存在漏水。

漏水点的精确定位则是在确定漏水管段后，使用电子放大听漏仪在地面听测地下管道的漏水点，并进行精确定位。沿着漏水管道走向以一定间距逐点听测比较，当地面拾音器越靠近漏水点时，听到的漏水声越强，最终可以确定漏水点的位置。

（2）区域装表法

将整个供水管网划分为小区，关闭所有与其他地区相通的阀门，暂停小区内的用水。然后，打开装有水表的一条进水管上的阀门，让水流进入小区。如果小区内的管网有漏水，水表指针将会旋转，从而可读出漏水量。

①干管漏水量的测定：关闭主干管两端的阀门和主干管上的所有支管阀门，然后在一个阀门的两端焊接 DN15 小管，安装水表。水表显示的流量即为该干管的漏水量。

②区域漏水量的测定：要求同时记录水表读数。

③利用用户检修或基本不用水的机会，关闭用户阀门，利用水池在一定时间内的落差计算漏水量。关闭用水阀门后，根据水位下降计算漏水量。

（3）质量平衡检漏法

质量平衡检漏法的工作原理：在一段时间内，测量流入的质量可能与流出的质量不相等。

（4）水力坡降线法

水力坡降线法的技术并不复杂。该方法根据上游站和下游站的流量等参数，计算出相应的水力坡降，然后分别根据上游站的出站压力和下游站的进站压力绘制图表，交点即为理想的泄漏点。然而，该方法要求准确测量管道的流量、压力和温度值。

（5）统计检漏法

这是一种不需要管道模型的检漏系统。系统根据管道入口和出口处测得的流体流量和压力，连续计算泄漏的统计概率。为确定最佳检测时间，采用序列概率比试验方法。一旦确定了泄漏，就可以通过测量流量、压力和统计平均值来估算泄漏量，并使用最小二乘算法进行泄漏定位。

（6）基于神经网络的检漏方法

这种方法基于人工神经网络来检测管道泄漏，它可以适应各种管道工况的学习，并对管道的运行状况进行分类识别。这是一种基于经验的方法，类似于人类的认知过程。试验表明，这种方法非常敏感且有效。它能够快速准确地预测管道的运行情况，检测管道的故障，并具有很强的抗恶劣环境和抗噪声干扰的能力。

3. 管网漏水的处理与预防

（1）管网漏水的处理方法

根据以上方法检测到的漏水量若超过规定值，则需要进一步检测以确定漏水点的准确位置，然后采取相应的处理措施。根据漏水情况的不同，可以采取以下处理方法。

①对于直管段的漏水，处理方法是将表面清理干净，停水后进行焊接补漏。

②对于法兰盘处的漏水，应更换橡皮垫圈，按照法兰孔数配备齐全的螺栓，并注意在上紧螺栓时要对称紧固。如果是由基础问题导致的漏水，则需要为管道增加支撑墩。

③对于承插口的漏水，如果是局部漏水，应将泄漏处两侧宽度为30mm、深度为50mm的封口填料清除，注意不要影响未漏水的部分。清洗干净后，重新填充油麻，捣实后再用青铅或石棉水泥进行封闭。

（2）管道渗漏的修补

渗漏的表现形式包括接口渗水、窜水、砂眼喷水、管壁破裂等。为了应对这些情况，可以采用快速抢修剂，这是一种稀土高科技产品，专门用于管道系统的紧急带压抢修。其优点在于：数分钟内快速固化，快速止住漏水。抢修剂的堵塞处具有良好的密封性和防渗漏性能，同时具有高抗水压强度和强胶黏度。适用范围广泛，包括钢管、铸铁管、UPVC 管、混凝土管以及各种类型的阀门渗漏情况。

二、养护更新

（一）给水管道防腐

1. 给水管道的外腐蚀

金属管材引起腐蚀的原因主要分为两种：化学腐蚀（包括细菌腐蚀）和

电化学腐蚀（包括杂散电流腐蚀）。

（1）化学腐蚀

这是由金属与周围介质直接相互作用引起的腐蚀现象。例如，铁的腐蚀通常是空气中的二氧化碳溶解于水形成碳酸，而碳酸存在于土壤中，使铁生成可溶性的酸式碳酸盐 $Fe(HCO_3)_2$。随后，在氧气的氧化作用下，酸式碳酸盐最终转化为 $Fe(OH)_3$。

（2）电化学腐蚀

该类型的腐蚀不仅会导致金属溶解损失，还涉及腐蚀电池的形成。腐蚀电池主要分为两类：微腐蚀电池和宏腐蚀电池。微腐蚀电池是指金属管道与土壤接触时由于金属组织不一致而产生的腐蚀电池。宏腐蚀电池是指沿着管道线路（有时长达数千米）的土壤特性不同，导致土壤与管道之间存在电位差，从而形成腐蚀电池。

地下杂散电流对管道的腐蚀则是电化学腐蚀的特殊情况，是由外部因素引起的，其作用类似于电解过程。杂散电流的来源电位通常很高，电流也较大，因此杂散电流引起的腐蚀要比普通的电化学腐蚀更为严重。

2. 给水管道的内腐蚀

（1）金属管道内壁侵蚀

金属管道内壁侵蚀可分为化学腐蚀和电化学腐蚀两类。对于金属管道，输送的水是一种电解液，因此管道的腐蚀往往具有电化学性质。

（2）水中含铁量过高

通常，给水源含有铁盐。生活饮用水的质量标准规定铁的最大允许浓度不超过 0.3mg/L。当水中铁含量过高时，需要进行处理，否则会在给水管网中形成大量沉淀。水中的铁通常以酸式碳酸铁的形式存在，这种形式最不稳定，会在水中生成氢氧化亚铁的絮状沉淀。

（3）管道内的生物性腐蚀

城市给水管网内的水经过处理和消毒，一般不会产生有机物或生物。然而，铁细菌是一种特殊的自养菌，它在水中依靠氧化铁盐存活，并利用自身生存过程中产生的能量。铁细菌在管道内壁附着后，会吸收亚铁盐并排出氢氧化铁，形成凸起物。铁细菌能够排出超过自身体积近 500 倍的氢氧化铁，有时会导致管道严重堵塞。

3. 防止管道外腐蚀的措施

除选用耐腐蚀的管材外，管道外壁的防腐方法主要包括金属或非金属覆盖的防腐法以及电化学防腐法。

（1）覆盖防腐蚀法

①金属表面的处理

良好的金属表面处理是实施覆盖式防腐的前提。清洁管道表面可以采用机械和化学方法进行处理。

②覆盖式防腐处理

根据管材的不同，覆盖式防腐处理方法也各有不同。对于小口径钢管和管件，通常采用热浸镀锌的方法。明装钢管在除锈后涂刷油漆来防止腐蚀，并且起到装饰和标识作用。埋设在地沟中的钢管可以采用涂刷底漆和热沥青的方法进行防腐处理。根据管道周围土壤对管道的腐蚀情况，选择合适的防腐层种类。

③铸铁管外壁的防腐处理

通常采用浸泡热沥青法或者喷涂热沥青法对铸铁管外壁进行防腐处理。

（2）电化学防腐蚀法

①排流法

在金属管道受到来自杂散电流的电化学腐蚀时，埋设的管道上发生腐蚀的地方被视为阳极电位。通过将这些处于腐蚀状态的管道与电源（如变电站的负极或钢轨）之间，用低电阻导线（排流线）连接起来，使杂散电流不经过土壤而直接回流到变电站，从而防止腐蚀的发生，这就是排流法。

②阴极保护法

阴极保护法通过在金属管道外部施加一定量的直流电流来消除金属管道表面上下不均匀的电位，以阻止腐蚀电流的生成，从而实现对金属的保护。流向土壤中的电流称为腐蚀电流，从外部流向金属管道的电流称为防腐蚀电流。阴极保护法主要分为外加电流法和牺牲阳极法两种。

外加电流法：通过外部的直流电源装置，将必要的防腐电流通过埋设在地下水或水中的电极流入金属管道，是一种常见的防腐方法。

牺牲阳极法：利用比被保护金属管道电位更低的金属材料制作阳极，并将其连接到被保护金属上。通过两种金属之间固有的电位差产生防腐电流，是另一种常见的防腐方法。

4. 防止管道内腐蚀的措施

（1）传统措施

管道内壁的防腐处理，通常采用涂料及内衬的措施解决。小口径钢管采用热浸镀锌法进行防腐处理是广泛使用的方法。大口径管道一般采用水泥砂浆衬里，不但价格低廉，而且坚固耐用，对水质没有影响。

早期采用沥青层防腐，作用在于使水和金属隔离，但很薄的一层沥青并不能充分起到隔离作用，特别是腐蚀性强的水，会使钢管或铸铁管用 3 ~ 5 年就开始腐蚀。环氧沥青、环氧煤焦油涂衬的方法，因毒性问题同沥青一样引起争议。

（2）其他措施

①投加缓蚀剂可在金属管道内壁形成保护膜来控制腐蚀。由于缓蚀剂成本较高及对水质的影响，一般限于循环水系统中应用。

②水质的稳定性处理在水中投加碱性药剂，以提高 pH 值和水的稳定性，工程上一般以石灰为投加剂。投加石灰后可在管内壁形成保护膜，降低水中 H^+ 浓度和游离 CO_2 浓度，抑制微生物的生长，防止腐蚀的发生。

（3）管道氯化法

投加氯来抑制铁硫菌，杜绝"红水""黑水"事故出现，能有效控制金属管道腐蚀。管网有腐蚀结瘤时，先进行次氯消毒，抑制结瘤细菌，然后连续投氯，使管网保持一定的余氯值，待取得相当的稳定效果后，可改为间歇投氯。

（二）给水管道清垢和涂料

1. 管线清垢的方式

（1）水冲洗

①水冲洗

管道内的结垢有软有硬。清除管道内松软结垢的一种常见方法是利用压力水进行周期性冲洗，冲洗流速应大于正常运行流速的 1.5 ~ 3 倍。通过水力冲洗可以清除悬浮物或铁盐引起的沉积物，尽管它们沉积在管底，但与管壁之间的附着并不牢固，可以通过水力冲洗轻松清除。为了更有效地清除管道内的结垢，在需要冲洗的管段内放入冰球、橡皮球或塑料球等，利用这些球可以在管道断面变窄处形成较大的局部流速。冰球放入管道后无须取出。对于局部结垢较硬的情况，可在管道内放入木塞，并通过钢丝绳连接木塞两端，来回拖动木塞以增强清除效果。

②气水冲洗

采用高压射流冲洗方法，利用 5～30mPa 的高压水产生的向后射出的反作用力推动水流运动。这种方式可以使管道内的结垢脱落、打碎，并随水流排出。适用于中小型管道，一般使用的高压胶管长度为 50～70m。

③气压脉冲法清洗

该方法的设备简单、操作方便，成本不高。进气和排水装置可安装在检查井中，无须断管或开挖路面。

(2) 机械清洗

管道内壁结垢严重时，仅靠水冲洗难以解决，必须采用机械刮除。刮管器有多种形式，用于较小口径水管内的结垢刮除，通常由切削环、刮管环和钢丝刷等组成。通过钢丝绳在管内使其来回拖动，切削环首先在管壁结垢上刻下深痕，其次刮管环将管垢刮下，最后用钢丝刷清理。

刮管法的优点在于工作条件良好，刮管速度快。然而，缺点是刮管器与管壁之间的摩擦力大，往返拖动相当费力，并且管道难以完全清洁。口径在 500～1200mm 的管道可采用锤击式电动刮管机。它通过电动机带动链轮旋转，利用链轮上的榔头锤击管壁，达到清除管道内壁结垢的目的。此类刮管机可在地下管道内自动行走，刮管速度为 1.3～1.5m/min，每次刮管长度约150m。刮管机主要由注油密封电机、齿轮减速装置、刮盘、链条锒头及行走动力机构等部分组成。

另一种方法是弹性清管器法，这是一种成熟的国外技术。使用聚氨酯等材料制成的"炮弹型"清管器，在压力水的驱动下，在管道中运行。清管器外部装有钢刷或铁钉，通过与管壁的摩擦力，将锈垢刮擦下来。同时，通过压力水从清管器和管壁之间的缝隙流过时产生的高速度，将刮擦下来的锈垢冲刷到清管器的前方，然后从出口流走。

(3) 化学清洗

把一定浓度（10%～20%）的硫酸、盐酸或食用醋灌进管道内，经过足够的浸泡时间（约 16 h），使各种结垢溶解，然后把酸类排走，再用高压水流把管道冲洗干净。

2. 清垢后涂料

（1）水泥砂浆

清除管壁上的积垢后，应当在管道内部涂上保护性涂料，以维持其输水功能并延长使用寿命。通常使用水泥砂浆或聚合物改性水泥砂浆进行内衬。水泥砂浆的涂层厚度一般为 3 ~ 5mm，而聚合物改性水泥砂浆的厚度为 1.5 ~ 2mm。

（2）环氧树脂涂衬法

环氧树脂具有耐磨、柔软和紧密的特性。将环氧树脂与硬化剂混合后，形成反应型树脂，可快速、强劲且耐久地形成涂层。采用高速离心喷射原理进行环氧树脂的喷涂，每次喷涂的厚度为 0.5 ~ 1mm，已满足防腐需求。环氧树脂涂衬不会影响水质，施工速度快，当天即可恢复通水。然而，该方法的设备复杂，操作较为困难。

（3）内衬软管法

内衬软管法是在旧管道内衬上套管，包括滑衬法、反转衬里法、"袜法"以及使用弹性清管器拖带聚氨酯薄膜等方法。这种方法改变了旧管道的结构，形成了"管中有管"的防腐形式，防腐效果显著。然而，其造价较高，材料需要进口，因此目前推广受到一定阻碍。

（4）风送涂衬法

国内许多部门已推广采用风送涂衬的方法对输水管道进行防腐。通过利用压缩空气推进清扫器和涂管器，对管道进行清扫和内衬作业。在进行管道内衬前，需要进行多次清扫，除去管道内壁的铁锈和杂物。然后使用压力水对管段进行冲洗，并用压缩空气将管内余水排出。在进行压缩空气涂衬时，将两个涂管器放置好，并将分层涂衬所需的材料均匀地装入管内。缓慢地送入压缩空气，推动涂管器完成第一遍内衬防腐，之后进行 5h 的养护，再进行第二遍内衬防腐。

这些方法可以明显改善水管的输水能力，成本仅为新建管道的大概十分之一，并有利于保持管网水质。然而，对地下管线进行清洁和涂料衬里会导致较长时间的停水，影响供水，并受到一定的使用限制。

（三）阀门的管理

1. 阀门井的安全要求

阀门井作为地下建筑物，长期处于密闭状态，导致氧气供应不足。因此，在打开井盖后，维修人员不能立即进入井内工作，以免发生窒息或中毒事故。应先进行至少半小时的通风，待有害气体散尽后方可下井。同时，保持阀门井设施清洁完好。

2. 阀门井的启闭

为防止水锤现象发生，阀门在进行启闭操作时应缓慢进行。一般阀门在管网中仅用于启闭功能，为减少损失，应全部打开，并在关闭时确保严密。

3. 阀门故障的主要原因及处理

阀杆端部与启闭钥匙之间可能出现打滑现象。主要原因可能是规格不匹配或阀杆端部四边形棱边损坏，应立即修复。阀杆折断可能是因为操作错误导致旋转方向不正确，需更换杆件。阀门无法严密关闭可能是由阀体底部积存杂物所致，可通过安装沉渣槽并清除杂物解决。长期处于水中的阀杆可能会严重锈蚀，最佳解决方案是采用不锈钢阀杆和铜合金制的阀门丝母。为避免锈蚀卡死，应定期活动阀门，建议每季度进行一次。

4. 阀门的技术管理

阀门现状图纸应长期保存，且与实际位置和登记卡相符。每年应对图纸、物料和登记卡进行一次检查，工作人员需要在图纸和登记卡上标明阀门位置、控制范围、启闭次数及所用工具等信息。按规定的巡视计划周期对阀门进行巡视，记录维护、更换部件和油漆等情况。启闭阀门应由专人负责，其他人员不得擅自进行操作。夜间进行管网上的控制阀门启闭以避免影响用户供水。定期排水冲洗水量较少的管段以保证管道内水质良好。定期检查通气阀的运行状况以防止负压和水锤现象的发生。

5. 阀门管理要求

阀门启闭完好率应达到100%。每季度应巡回检查所有阀门，主要输水管道上的阀门每季度应进行一次检修和启闭，配水干管上的阀门每年应进行一次检修和启闭。

第二节　排水管网的维护与管理

一、排水管网维护工作

（一）检查井、雨水口养护

检查井是排水系统中的重要构造，连接上下游管道，供养护人员进行检查维护和进入管内。其养护工作包括对井盖安全性的检查和清除井内沉泥等。

为防止铸铁井盖和雨水箅丢失，宜加装防丢失装置，首选采用防盗型井盖，或选择混凝土、塑料树脂等非金属材料的井盖。井盖的标识必须与管道属性相一致，如雨水、污水、雨污合流管道的井盖应分别标注相应属性。车辆经过时，井盖不应出现跳动和声响。

井盖下沉是检查井养护中常见的问题。传统的井框坐落在井筒上，车辆荷载也都压在井筒上，导致检查井下沉，路面凹陷。

开启和关闭检查井井盖是常规养护工作，严禁直接用手操作。必须采取相应的安全措施，如立即加盖安全网盖或设置安全护栏。白天应挂三角红旗，夜间应加点红灯或设置反光锥。在日常维护中，经常会遇到井盖被卡死在井框内的情况，即便使用撬棒、大锤仍然很难打开。目前有一种液压开盖器，通过千斤顶轻松打开卡死的井盖。

雨水口用于收集地面雨水，雨水箅安装在雨水口上部，具有格栅的盖板，能够拦截垃圾、防止坠落，并允许雨水通过。为防止雨水箅被盗，常将金属雨水箅更换成非金属材料，但需确保更换后的过水断面不得小于原设计标准，以避免影响排水效果。

在合流制地区，雨水口异味是一个突出的环境问题。国外采用在雨水口内安装防臭挡板或水封的解决方法。水封安装有两种方式，一是采用带水封的预制雨水口，二是给普通雨水口加装塑料水封。然而，水封的缺点是在少雨季节可能因缺水而失效。

（二）清掏作业

排水系统的清掏工作量很大，通常占整个养护工作的 60% ~ 70%。为保持排水畅通，管道、检查井和雨水口内不得存在石块等阻碍物。

多年来，我国清掏检查井和雨水口的技术基本未有大的改变，大部分城镇仍然使用大铁勺、铁铲等手工工具，导致工作效率低下、劳动强度大、安全隐患多。在有条件的地方，应采用吸泥车、抓泥车等机械作业进行清掏。

吸泥车根据工作原理可分为真空式、风机式和混合式三种。

1. 真空式吸泥车

真空式吸泥车利用气体静压原理，通过真空泵抽取储泥罐内的空气，创造负压环境，借助大气压力将井底的泥水吸入储泥罐。这种吸泥方式适用于管道充满水的情况，但抽泥深度受大气压限制。吸泥管可以插入水下进行作业，理论上，在一个大气压下总吸水高度不应超过10m，但实际操作中，由于机械损耗和车辆高度等因素的影响，最多只能吸取井深小于5m的污泥，而且一旦吸入空气后真空度会迅速下降。

2. 风机式吸泥车

风机式吸泥车运用空气动力学原理，在管道水量较少的情况下工作。它不受真空度限制，通过高速气流形成负压环境，但如果吸泥管插入水下，则无法正常工作。因此，在高水位地区受到影响较大，但总吸水深度不受10m水位真空度的限制，吸入空气后对真空度的影响不大。

3. 混合式吸泥车

混合式吸泥车配备大功率真空泵，同时具备储气罐产生高负压和吸泥产生较强气流的功能。它适用于管道水量充足和较少的场合，抽泥深度不受真空度限制。

在井内，泥和水处于分离状态，泥沉积在井底，而水的流动性较好。因此，所吸污泥含水率较高，导致效率不高。为了解决这个问题，近年来，一些城市如广州、上海开始使用抓泥车，并取得了良好效果。抓泥车配备液压抓斗，价格低廉，车型相对较小，对道路交通的影响较小，而且污泥含水率也比吸泥车低很多。然而，其缺点是最后的剩余污泥很难完全清理干净，而且只有在带有沉泥槽的井内才能发挥其优势。

为了适应抓泥车的养护需求，排水行业管理部门专门发布了指导意见，要求在新建或改建雨水排水管道时，每隔2座井设立1座深度达1m的沉泥槽的落底井。

(三) 管道疏通

管道疏通工作离不开专用工具，其中通沟器 (俗称通沟牛) 是一种利用钢索牵引的除泥工具，可采用桶形、铲形、圆刷形等多种形式。

1. 绞车疏通

绞车疏通是一种利用绞车牵引通沟器进行管道除泥的方法。在我国，这种方法可能已有上百年历史，并且仍然是许多城市管道疏通的主要手段。该方法需要使用绞车、滑轮架和通沟器等设备。绞车可分为手动和机动两种，而滑轮架的作用在于减少钢索与管口、井口的摩擦，通沟器则用于将管道内的污泥等沉积物拉出。由于管道内沉积物的性质和数量各异 (如建筑工地排放的泥浆沉积物)，有时需要按照从小到大的顺序反复进行疏通，这一过程被称为"复摇"。

2. 推杆疏通

推杆疏通是一种利用人力将竹片、钢条等工具推入管道内清除堵塞的方法，根据推杆的不同材质可分为竹片疏通或钢条疏通等形式。

3. 转杆疏通

转杆疏通采用旋转疏通杆的方式来清除管道堵塞，又称为轴疏通或弹簧疏通。根据动力来源的不同，转杆疏通机可分为手动、电动和内燃等几种类型，目前我国主要生产手动和电动两种。电动转杆疏通机在室外使用时供电较为麻烦。转杆疏通机配备不同功能的钻头，可用于疏通树根、泥沙、布条等不同类型的堵塞物，其疏通效果比推杆疏通更佳。

4. 射水疏通

射水疏通是利用高压水射流清理管道的一种疏通方法。由于其高效率和良好的清理效果，近年来在我国许多城市逐渐流行起来。一些城市甚至引进了集射水和真空吸泥功能于一体的联合吸污车，部分车辆还能够对吸入的污水进行过滤后再次利用于水射清洗。射水疏通在小型管道如支管等的清理效果尤为显著，然而，在管道水位较高的情况下，水流速度受到阻碍，其疏通效果会大大降低。大多数水射车的水压约为14.7mPa，少数甚至可达到19.6mPa，这在非满管流的情况下对于一般的管壁油垢和管道污泥的清除效果较好。

5. 水力疏通

水力疏通是一种通过增加管渠上下游水位差，加大流速以清理管渠的方法。水力疏通具有设备简单、效率高、清理效果好、成本低、能耗少、适用范围广的优点。一般可采用以下方式增加流速：在管道中安装自动或手动闸门，蓄高水位后突然开启闸门形成大流速；暂停提升泵站运转，蓄高水位后再次开启泵站形成大流速；使用水力疏通浮球的方法减少过水断面，从而增加流速以清除污泥。

尽管水力疏通有许多优点，但也存在明显的缺点。

（1）容易造成"逃牛"，将泥沙冲入泵站的泵排系统中，导致泵机故障或损坏。

（2）在泵排系统中，需要泵站进行配合，但在管道和泵分别管理的情况下，协调困难。

（3）在直排入江河的排水系统中，如果没有特别的措施，将增加排入江河的泥沙量，对环境造成一定程度的污染。因此，目前这种方法的使用并不多见，许多地方已经不再采用。

（四）管道封堵

在进行管道检测、疏通、修理等施工前，通常需要对原有管道进行封堵。传统的封堵方法，如使用麻袋或砖墙，存在工期长、工作条件差、封堵成本高、拆除困难等问题。

相比之下，充气管塞使用起来十分便捷。只需要清理管道底部污泥，将管塞置于管口，进行充气，然后加上防滑支撑即可。在正常情况下，封堵一个直径为1500mm的管道仅需半个多小时。而且，拆除封堵更加方便，不会像拆除砖墙那样留下残余物影响管道排水。

充气管塞主要由橡胶和高强度尼龙线制成，配备有充气嘴、阀门、胶管、压力表等。根据膨胀率的不同，充气管塞可分为单一尺寸和多尺寸两种。单一尺寸的管塞只适用于特定管径，而多尺寸的管塞则可适用于多种管径，如小号管塞适用于300～600mm的任何尺寸管道，中号管塞适用于600～1000mm的任何尺寸管道。

根据功能的不同，充气管塞还可分为封堵型、过水型（又称旁通型）和检测型等几种。过水型管塞能够将上游水经旁通管接通至下游管道，在一定程度上解决了施工期间的临时排水问题。而检测型管塞则可用于检测管道渗漏以及管道验收前的闭水试验或闭气试验。尽管多尺寸管塞价格较高且需要进口，但由于其出色的性能和广泛的应用范围，在江、浙、沪等地区仍受到排水施工单位的青睐。

使用充气管塞时需要注意以下事项。

（1）仔细阅读产品出厂说明，特别是背水压力值，以避免背水压力超过管塞与管道摩擦力而导致滑动，从而造成人员或设备损失。

（2）必须确保在产品规定的充气压力范围内操作，以防发生爆炸事故。

（3）充气管塞在使用过程中可能会发生缓慢漏气现象，需要密切观察并及时补气。因此，它仅适用于短时间且管道内无人员作业的情况下使用。

（五）井下作业

在进行井下清淤作业时，推荐采用机械作业方式，并强调严格控制人员进入管道内作业。执行严格的作业制度和审批手续是必需的。下井作业人员必须接受专业安全技术培训和考核，获得下井作业资格，并掌握人工急救技能，学会防护用具、照明和通信设备的使用方法。作业前，应打开作业井盖和上下游井盖，进行至少30min的自然通风，确保井下空气含氧量不低于19.5%。如果通风不足，应考虑机械通风，确保管道内的平均风速不低于0.8m/s。对于有毒有害、易燃易爆气体浓度变化较大的场所，应持续进行机械通风。

作业人员下井前，应接受安全交底，了解作业内容、安全防护措施以及自救互救方法。必须进行管道降水、通风、照明、通信等工作，并检测管道内有害气体。作业人员应佩戴隔离式防毒面具、安全带、安全绳、安全帽等防护用具。

在井下作业时，必须配备气体检测仪器和专用工具，并对作业人员进行正确使用方法的培训。作业期间必须进行连续气体检测，并设立专人呼应和监护。作业人员的连续工作时间不得超过1h。

（六）排水管道检查

排水管道的检查主要包括管道状况巡查、移交接管检查和应急事故检查。日常巡查内容涵盖污水冒溢、管道塌陷、违章占压、违章排放、私自接管等情况，以及可能影响排水管道安全运行的管线施工和桩基施工等。完成新建、改建、维修或新管接入等工程措施的排水管道在移交使用前，必须进行接管检查，确保结构完好、管道畅通，方可投入使用。在排水管道发生应急事故后，经过检修和清通，管理维护部门也需要对管道内情况进行应急检查。管道检查项目分为功能状况和结构状况两类：功能状况检查是对管道畅通程度的检测；结构状况检查则是对管道结构完好程度的检测，包括管道接头、管壁、管基础等，这与管道的结构强度和使用寿命密切相关。

功能状况检查相对简单，且受到管道积泥情况快速变化的影响，因此其检查周期较短；而管道结构状况变化缓慢，检查技术较为复杂且费用较高，因此检查周期较长。在进行结构性检测之前，必须对管道进行疏通清洗，确保管道内壁无泥土覆盖。排水管道的检查方法包括电视检查、声呐检测、反光镜检查、人员进入管内检查、潜水检查以及水力坡降检查等。

1. 电视检查

进行管网健康检查通常采用管道内窥电视检测系统，即闭路电视（CCTV）检测。电视检测通过远程采集图像，并通过有线传输方式对管道内的状况进行显示和记录。这项技术起源于20世纪50年代，到20世纪80年代基本成熟。CCTV系统能够进入管道内进行摄像记录，技术人员根据检测录像来判断管道的状况，从而确定下一步采用何种修复方法更为合适。

一般来说，CCTV系统有自走式和牵引式两种，其中自走式系统较为常见。在电视检测过程中，应控制管内水位不超过管径的20%。在对每段管道进行拍摄之前，必须先拍摄看板图像，看板上应清晰标注道路或被检对象的名称、起点和终点编号、属性、管径以及时间等信息。爬行器的行进方向应与水流方向一致。当管径小于等于200mm时，直向摄影的行进速度不应超过0.1m/s；当管径大于200mm时，直向摄影的行进速度不应超过0.15m/s。对于圆形或矩形排水管道，摄像镜头的移动轨迹应在管道中轴线上；对于蛋形管道，移动轨迹应在管道高度的2/3中央位置，偏离不应超过±10%。在影像判读过程中，应在现场确认并录入缺陷的类型和代码。剪辑图像时应选择现场抓取最佳角度和最清晰的图片，特殊情况下也可以采用观看录像抓取图片的方式。

2. 声呐检查

声呐是一种电子设备，通过利用水中声波探测和定位水下目标。最初用于海军作战，后来扩展到海洋地貌、鱼群探测等领域。在排水管道检测方面，声呐应用的时间较短，主要用于管道的水下功能检测。声呐检测与电视检测可以同时进行。电视检测需要在水面以上的环境中进行，而声呐则可以在高水位的管道中正常工作。在排水管道检测中，如果管道中充满水，能见度几乎为零，CCTV 难以正常工作，而声呐技术正好解决了这个难点。通过将声呐检测仪的传感器浸入水中进行检测，声呐探头快速旋转，发射声波，然后接收被管壁或管道内物体反射回来的信号，并通过计算机处理，形成管道的纵横断面图。

用于管道检测的声呐装置主要由声呐头、线缆、显示器等组成。每种技术都有其适用范围，虽然声呐图像不能反映裂缝等细微缺陷，但在检查管道变形、积泥等方面非常精准。

在声呐检测时，声呐探头的推进方向应与流向一致，且行进速度不宜超过 0.1m/s。在检测过程中，管道内的水深不应小于 300mm。声呐系统的主要技术参数包括：最大反射范围不小于 3m，125mm 范围的分辨率应小于 0.5mm，均匀采样点数量应大于 250 个。在检测之前，应从被检管道中取水样，调整声波速度以校准系统。在开始记录每段管道图像之前，必须输入地名和被测管段的起点和终点编号。

3. 人员进入管内检查

对于管道内的人员检查，管道直径不能小于 800mm，流速不能超过 0.5m/s，水深不得超过 0.5m。建议采用摄影或录像的方式记录管道内的情况。

4. 潜水检查

进行潜水检查的管道，其管径不得小于 1200mm，流速不得大于 0.5m/s。从事潜水检查的单位和潜水员必须具备特种作业资质。

5. 水力坡降检查

水力坡降检查经常用于评估管道的水力情况，并有助于确定堵塞位置。

在进行水力坡降检查前，应确定管道的管径、管底高程、地面高程和检查井之间的距离等基础信息。水力坡降检查应在低水位时进行。对于泵站抽水范围内的管道，可从开泵前的静止水位开始，测量开泵后不同时间水力坡降线的变化。测量结果应绘制成水力坡降图，其竖向比例应大于横向比例。

具体操作包括先制作标有检查井位置的管线流向图，确定管径、相关检查井之间的间距、地面高程和管底高程。在试验当日，先停止下游泵站的运行，使管道水位上升，并安排测量人员在各自负责的检查井处测量水位。泵站停止运行时，各测点的水位应保持水平。泵站运行后，每隔 5~10min 同时测量各测点的水位，连续测量 1~2h。最后绘制抽水试验图进行分析，其中应包括地面高程线、管顶高程线、管底高程线和不同时间液面坡降线。若最终的液面坡降线与管底坡降线大致平行，则表明管道无明显堵塞；若某一管段的液面坡降线明显变陡，则表明该管段可能存在堵塞，测量点越密，精度越高。

6.雨污水混合排查

我国的分流排水系统中普遍存在雨水与污水混合的问题。将污水引入雨水管道会导致水体污染，而将雨水引入污水管道则增加了处理厂的负担。国外常采用染色试验和烟雾试验来检测雨污水混合情况。染色试验通过向污水管道注入染料，然后打开附近的雨水井盖观察，若雨水管道中出现染色，则表示存在雨污水混合状况，而高锰酸钾是常用的染料之一。烟雾试验则利用专用送风机将烟雾送入检查井，若在不应有烟雾的地方出现，则表明可能存在混合状况，或者管道有裂缝或泄漏。

7.电子漏水检测

调查地下水渗入的方法包括供排水量对比法、水桶测量法、COD 浓度对比法、温度对比法、电视检测法等，但这些方法往往存在工作量大、准确率低等问题。

近年来，一些国家开始采用电流法来检测排水管道的漏水情况，其中一种名为 FELL 的技术备受关注。FELL 是"快速、电子、泄漏、定位仪"的缩写，利用管壁电阻变化来确定漏点位置。

FELL 技术具有以下特点。

（1）操作简便、快速，一次检测即可发现管道内所有的错接、破裂等泄漏点。

（2）能够精确定位管道缺陷（精度2cm）。

（3）成本低、效率高，成本仅为CCTV检测的1/4，效率是CCTV检测的3倍。

8. 对用户接管的审批和监督

为了加强对用户排水许可的管理，排水管理部门应当严格遵守《城市排水许可管理办法》的相关规定，对用户的排水许可进行有效管理。用户如需进行排水操作，必须前往排水管理部门进行申报登记，根据水质、水量和相关图纸资料的情况，申请办理排水许可证。排水管理部门将统一制定排水方案，以确保用户不得私自连接管道或非法接入市政排水管网，从而保证雨污水得到完全分流。此外，在用户排水管道出口应设置水质检测井，对于重点工业企业的排水，则必须设置水质在线监测装置，以保证用户排水的水质符合标准。对于居民区住户进行接管时，必须进行水质审查和水量核算，确认管道的位置和接管方法，并进行监督和指导施工。一般情况下，用户接入管道要求与检查井接口管线顶部平齐。具体要求如下。

（1）具有粪便污水的出户管只能直接连接到污水管或合流管。

（2）无论是雨水还是污水，出户管都不得接入雨水口内。

（3）污水出户管不得接入雨水管道，雨水出户管不得接入污水管道。若合流出户管需要接入污水管道，则必须设置截流设施。

二、排水管理和管网地理信息系统

城市排水管理是水务管理的重要组成部分，涉及复杂的时间和空间跨度。它包含排水系统的前期规划设计、建设管理，以及建成后的维护、运营调度、设施与设备管理、防汛调度、决策指挥、水质监测、污水处理和执法管理等方面。在中国，城市排水管理模式正在经历转型，随着"城市水务"理念的引入，城市排水管理正朝着市场化和信息化方向发展。

地理信息系统（geographic information system，GIS）是一种有效的工具，用于分析、利用和管理具有空间特征的管网信息。与城市供水管网信息系统类似，排水管网信息的获取和处理是最适合、最需要应用地理信息系统的领域之一。利用管网信息系统数据库、水力数据和优化运行模型的计算结果，制定决策方案，将会彻底改变人为管理和经验决策的现状，建立 GIS 排水管网信息系统具有重要意义。

（一）建立信息库、方便信息查询

地理信息系统的数据采集功能有助于提高排水管网信息获取的效率，并便捷地将各类数据源、不同类型的排水管网信息整合到地理信息系统的空间数据库中。使用地理信息的数据编辑功能，用户可以通过友好的界面对图形和属性数据进行增加、删除、修改等操作，以及进行复杂目标的编辑，包括图形动态拖动、旋转、拷贝，自动建立拓扑关系并维护图形与属性的对应关系。地理信息系统的信息查询功能能够快速提供用户所需的各种管网信息，包括空间信息、属性信息、统计信息等，且查询方式多种多样，如表达式查询、图形方式、坐标方式、拓扑方式等。

通过地理信息系统的数据库管理功能，能够自动管理大量排水管网数据，进行管网数据库的创建、操作和维护工作，同时还可以调用任何连续空间的管网数据。利用地理信息系统的统计制图功能，可以将抽象的管网信息转化为直观的管网专题地图或统计地图，生动展示排水管网专题内容、管网空间分布和数据统计规律。地理信息系统的空间分析功能则能够从管网目标之间的空间关系中获取派生信息和新知识，以满足各种实际的管网信息分析需求。运用地理信息系统的专业模型应用功能，可以进行管网预测、评价、规划、模拟和决策。最后，利用地理信息系统的演示输出功能，支持多媒体展示及管网信息输出到多种介质，同时可利用可视化方式生成各种风格的菜单、对话框等。

（二）实时监测、动态管理

借助信息管理系统，可以实现对运行排水泵站水泵开停机情况、集水井水位变化和降雨情况以及系统内敏感积水地（如低洼区、下穿交通隧道的积水情况）等进行实时监测。这有助于在需要时提供指挥调度支持，调整排水系统运行方案并及时做出决策。同时，还可以在工程作业车上安装 GPS 定位系统，以跟踪抢修车辆的行驶轨迹，指挥车辆选择最佳路线，迅速到达应急救灾现场等。

（三）优化设计、节省投资

传统的排水管网设计方法中，设计者虽然根据经验进行初步的优化选择，尽量使设计实现技术先进、经济合理的目标，但其技术经济分析通常只考虑几个不同布局形式的比较方案，忽略了同一布局形式下不同设计参数组合的方案比较。要根本解决排水管网设计的优化问题，以节省投资，需要建立数学模型进行优化设计。此外，排水管网的优化设计应该从整个排水系统的角度考虑，而不是仅考虑某一段管道的优化，因此需要准确了解城市整体排水管网系统的现状。

（四）科学决策与分析

只有建立优化分析系统，才能进行科学的决策分析，其中包括投资决策、事故分析和重大设计决策等。例如，在确定排水渠系统的投资标准时，应进行技术经济评价和风险性分析，投资决策者需要平衡提高投资标准所带来的效益与降低投资标准可能造成的经济损失以及给社会带来的危害。

三、排水管网地理信息系统数据库的建立

地理信息系统（GIS）可以描述与地理分布和空间相关的数据。利用 GIS 技术构建的排水管网信息管理系统将基础地理信息和排水管网信息有机整合，以实现对排水系统的动态管理和有效维护。

为建立排水管网地理信息系统，首要任务是对辖区内的排水管网进行全面普查。确保基础数据的准确性和全面性是未来各项工作的基石。排水管网普查主要依靠物探和测量等方法，调查排水管道的现状，涵盖内容包括排水管线、窨井的空间位置、埋深、形状、尺寸、材质、窨井及相关附属设施等细节。我国较早就开始进行地下管线普查工作，经过多年的发展和积累，形成了成熟的技术标准和规范，为排水管网普查和数据采集奠定了基础。排水管网普查涉及物探、测绘、计算机、地理信息等多个专业领域的综合系统工程，包括排水管线勘察、测量、建立管线数据库、制作管线图、工程监理以及验收等过程。

通过基于 GIS 的排水管网信息管理系统的建设，将排水管线普查信息

存储、分析管理并提供给用户应用。该系统在硬件、软件和网络的支持下运作，是展现普查成果的最终形式，也是保持成果实用性的有效方式。因此，建立这一系统是排水管网普查后实现管网数据科学化管理的关键保证。排水管网信息管理系统的功能涵盖数据审核检查、数据录入与编辑、地图管理、查询统计、空间分析、排水管道检测管理、管道养护管理、数据输出以及用户管理等方面。

结束语

　　市政路桥建设和给排水工程是城市基础设施建设中至关重要的两个方面，它们共同支撑着城市的运行和发展。随着科技的进步和可持续发展理念的深入人心，未来的市政路桥建设和给排水工程将更加注重环保、节能和智能化，力求在满足功能需求的同时，减少对环境的影响，提升城市的生态友好度。通过不断的技术创新和管理优化，我们有理由相信，这些工程将更好地服务于城市发展，为居民创造一个更加便捷、安全、宜居的城市环境。

参考文献

[1] 朱睿，田永许．路桥施工技术与项目管理 [M].北京：中国纺织出版社，2018.

[2] 方诗圣，李海涛．道路桥梁工程施工技术 [M].2 版．武汉：武汉大学出版社，2018.

[3] 潘永祥．公路桥梁与改扩建新技术 [M].昆明：云南大学出版社，2019.

[4] 李国强，魏茸，李宗运．公路桥梁与施工管理 [M].北京：中国原子能出版社，2019.

[5] 覃辉，马超，朱茂栋．南方 MSMT 道路桥梁隧道施工测量 [M].上海：同济大学出版社，2019.

[6] 梁政．铁路（高铁）及城市轨道交通给排水工程设计 [M].成都：西南交通大学出版社，2019.

[7] 谢玉辉．建筑给排水中的常见问题及解决对策 [M].北京：北京工业大学出版社，2019.

[8] 王新华．供热与给排水 [M].天津：天津科学技术出版社，2020.

[9] 许彦，王宏伟，朱红莲．市政规划与给排水工程 [M].长春：吉林科学技术出版社，2020.

[10] 孙明，王建华，黄静．建筑给排水工程技术 [M].长春：吉林科学技术出版社，2020.0

[11] 梅胜，周鸿，何芳．建筑给排水及消防工程系统 [M].北京：机械工业出版社，2020.

[12] 张伟．给排水管道工程设计与施工 [M].郑州：黄河水利出版社，2020.

[13] 李亚峰，王洪明，杨辉．给排水科学与工程概论 [M].3 版．北京：机械工业出版社，2020.

[14] 汪华锋.路桥工程施工技术与实践 [M].长春：吉林科学技术出版社，2020.1

[15] 陈伟章.如何识读路桥施工图 [M].北京：机械工业出版社，2020.

[16] 李杰，安彦龙，梁锋.市政路桥施工技术与管理研究 [M].北京：文化发展出版社，2020.

[17] 冯涛.铁路桥涵构造与施工维修 [M].成都：西南交通大学出版社，2020.

[18] 吴留星.公路桥梁与维修养护 [M].北京：中国纺织出版社，2020.

[19] 刘相龙，高文彬.公路桥梁施工组织与养护管理 [M].北京：中国原子能出版社，2020.

[20] 张运波.漫谈高速铁路桥梁工程施工 [M].北京：中国铁道出版社，2020.

[21] 张小成，黄文理，黄洪发.道路桥梁与城市交通建设研究 [M].长春：吉林科学技术出版社，2021.

[22] 杜操，徐桂华，王运华.道路桥梁标准化施工管理 [M].北京：中国建材工业出版社，2021.

[23] 樊锋，张问坪，程景扬.公路桥梁结构荷载试验与检测评定 [M].长春：吉林科学技术出版社，2021.

[24] 应江虹，苏龙.公路桥梁技术状况检测与评定 [M].北京：北京理工大学出版社，2021.

[25] 杭争强，张运山，刘小飞.工程建设理论与实践丛书·道路桥梁工程施工与养护维修技术 [M].武汉：华中科技大学出版社，2021.

[26] 李燕鹰，张爱梅，钱晓明.公路桥梁工程施工与养护技术 [M].长春：吉林科学技术出版社，2021.

[27] 冯少杰，高辉，孙成银.公路桥梁隧道施工与工程管理 [M].长春：吉林科学技术出版社，2021.

[28] 杨寿君，刘建强，张建新.城市道路桥梁建设与工程项目管理 [M].长春：吉林科学技术出版社，2021.

[29] 薛洁，孙芳萍，冯启涛.长庆低渗透油田生活给排水及环境工程 [M].兰州：甘肃科学技术出版社，2021.

[30] 冯萃敏，张炯.给排水管道系统 [M].北京：机械工业出版社，2021.

[31] 王伯霖，曹磊，杜锐.公路桥梁工程材料与管理研究 [M].秦皇岛：燕山大学出版社，2022.

[32] 刘志伟，刘文君，杨黎.路桥工程管理与给排水规划设计 [M].长春：吉林科学技术出版社，2022.

[33] 张瑞，毛同雷，姜华.建筑给排水工程设计与施工管理研究 [M].长春：吉林科学技术出版社，2022.

[34] 王迪，崔卉，鲁教银.城市给排水工程规划与设计 [M].长春：吉林科学技术出版社，2022.